100%仕事が成功する

おもてなしの習慣

株式会社さくらコミュニケーションズ 代表取締役
一般社団法人日本おもてなし推進協議会 理事長
古川 智子
Tomoko Furukawa

SOGO HOREI PUBLISHING CO., LTD

はじめに

「気がきかないと言われる」
「先輩や同僚との人間関係がよくない」
「営業の成績が上がらない」
「毎日が平凡でつまらない」

あなたにはこんな悩みがないでしょうか？　こういった悩みは、実は「おもてなし」の力を高めることで解決できます。また、「おもてなし」の効果はそれだけに留まらず、私のセミナーを受講してくださった方から、「おもてなしを学んで、人生が変わりました」というお手紙をいただくこともあります。

私は子どもの頃から老舗が好きで、株式会社さくらコミュニケーションズを起業する前は、創業３００年の江戸の大店《おおだな》だった老舗の企業に勤めていました。いまや「おもてなしセミナーの第一人者」との評価をいただき、おかげさまで気がつけば約10万人の皆様の前に立たせていただきました。全国の企業・学校・公共団体など団体問わず、講演・セミナーを開催させていただく中で、受講者の方から生活や人生によい影響を与えてもらったと伺う機会がありますと、本当に嬉しく、感激・感動してしまいます。何より私自身が「おもてなし」を通じて、人生が大きく好転しました。

私ははじめから「おもてなし」が得意な人間だったわけではありません。むしろ気がきかないタイプでした。その私が変われたのです。だからこそ「おもてなし」の魅力を多くの皆様に知っていただきたいのです。

人様に講師としてお話をさせていただくには、常に自分自身が学び続けなければなりません。講演・セミナーの合間には「おもてなし研究家」として常に感受性を磨く努力にいそしみ、テレビ、ラジオ、新聞などのメディアからの番組制作上の質問や監修の依頼を引き受けさせていただくこともあります。

その一方で、一般社団法人日本おもてなし推進協議会の理事長としての活動に比重を移し、おもてなしの機運が高まり始めたことをきっかけに、日本が世界に誇れる「おもてなし」の魅力を伝えられる人材の育成に力を注ぎ始めました。

ちょうどこの頃から、以前にも増して、講演・セミナーのご依頼をいただくようになりました。私も「おもてなしセミナーの第一人者」としての明確な自覚と強い使命感を感じるようになり、「1人でも多くの方に、日本人が育んできたおもてなしの持つ魅力について知っていただきたい」と思う気持ちが以前にも増して高まってきています。本書は私がこれまでに教えを受けてきたこと、学び得たこと、これから伝えたいことを凝縮して1冊にまとめました。「おもてなし」をするのはお客様に対してだけだと思っている方もいらっしゃるかもしれませんが、この本は特定の業界の方、業種の方に限定したものではありません。**お客様に「おもてなし」をするのはもちろんのこと、会社の上司や一緒に働く仲間、周囲の人に「おもてなし」をすることで、人生は好転するのです。**

では、なぜ人生が好転していくのでしょうか。

それは「おもてなし」には、冒頭でご紹介した悩みを解決できる3つの効果があるからです。

① 気がきかないと言われる↓相手の考えを先読みして行動ができるようになる

②先輩や同僚と人間関係がよくない、営業の成績が上がらない↓顧客対応、上司や部下とのコミュニケーションがうまくとれてビジネスで成功するだけでなく、家族や身近な人に至るまで幸せになるサイクルが生まれる

③毎日が平凡でつまらない↓自分のモチベーションを高く保てることで、キラキラと輝きのある人生を手に入れられる

さらには悩みを解決するだけでなく、「また会いたい」という思いよりも強い「あなたでなくてはダメ！」と思わせるほどの感動を与えることができます。ここに巷の「おもてなし」との格の差が老舗にはあります。

人に言われないとできない人は、気がきかないと言われます。この場合、先手を打って相手が望むことを理解できなければなりません。そうするためには、〝自分本位〟ではなく、〝相手本位〟になることです。この〝相手本位〟ということが「おもてなし」の軸なのです。

たとえば、上司に随行して出かける際、ただ上司の後ろについて歩いているだけでは、気がきかないと言われます。オフィスのエレベーターに乗る際には、先回りしてエレベーターのボタンを押しておく。出張先であれば、交通手段やお食事処を事前に調べておくなど、上司から言われなくても、〝相手本位〟になれば、すべきことがおのずとわかってきます。

あるセミナー受講者は、「上司から気がきかないと言われ続けてきましたが、〈おもてなし〉を学び、上司に目をかけてもらえるようになったおかげで、最近昇進しました」と、とても嬉しそうに報告をしてくれました。まさしく「おもてなし」の効果である、相手との関係がよくなり、ビジネスも成功した例です。この場合、上司に「おもてなし」をしたことで相手から認められ、自分自身の自信に繋がっています。

また、ある受講者は以前「お客様を食事にお誘いした際、地元の美味しいウニで〈おもてなし〉をしたいと思い、ウニづくしの料理を用意したところ、お客様はウニが苦手で、お互いに微妙な雰囲気になってしまった」と苦い経験を話してくれましたが、このような失敗は実際によくあることです。「地元自慢の食材を使い、心づくしの〈おもてなし〉をしたい」という気持ちはよくわかりますが、〝相手本位〟になれば、まずは一言、相手の苦手なものを先に伺っておくことでこのような失敗を事前に防ぐことができたのです。

このように、本当の「おもてなし」は自己満足ではとてもできないことがよくわかります。この言葉に含まれている「よかれと思って」という心だけでは「おもてなし」には不足しているのだということを知っておきたいものです。

ちなみにこの受講者は、いまではトップ営業として活躍しています。相手の立場に立った「おもてなし」を学ぶことによって、「この人でなくては」と思われる存在になったからこその結果です。

また、相手の要望がわかっても恥ずかしく感じたり、拒絶されるのではという不安から行動を起こせない人もいます。日本人は「遠慮する」特性があるのですが、この日本人の特性は「おもてなし」する上で理解しておかなければなりません。せっかく気づいているにも関わらず、周りから評価されないのは、とてももったいないことです。

「おもてなし」をするには「勇気」が必要なのです。

「おもてなし」と一口に言っても、ホテルに代表されるようなスマートな「おもてなし」もあれば、老舗旅館のように相手の心に寄り添うような「おもてなし」もあります。

私がなぜ老舗にこだわり続けるのかといえば、効率化が求められている現代社会において、あえて手間暇をかけて家族のように相手の心に寄り添い尽くすことで深く感動を与えることができる「おもてなし」は、老舗において他にないと考えるからです。老舗のすごさは「変わらないこと」よりも、むしろ「時代の変化に対応する柔軟さ」にあります。

その柔軟さは目先のテクニックを学んだところで簡単に身につくものではありません。どんな状況であっても対応できるようにするには心が育たなくてはならないのです。この本では、老舗が長年受け継いできた「おもてなしの心」を学ぶための必要な事項を紹介しています。

「おもてなしは自分の意図を実現するための接待」という戦略的な捉え方も含め、この本を読んでいただき、日本が世界に誇れる「おもてなし」の魅力を知っていただければ幸いです。

もくじ

第2章　お客様も自分も笑顔になる魔法のロールプレイング

第3章　老舗に受け継がれる「心の教育」

第4章 業界別の「おもてなし」戦略

第5章 おもてなしを続けていくために必要なこと

第1章

いま求められる「おもてなし」とはなにか

01 なぜ、いま日本の「おもてなし」が注目されているのか

近頃、「おもてなし」という言葉をよく耳にします。テレビ・ラジオの番組やＣＭ、企業や自治体のスローガンなど、私たちの周りで頻繁に使われています。

２０２０年に東京で開催される予定のオリンピック・パラリンピックの招致プレゼンテーションで、「各国からのお客様を〈おもてなし〉の心でお迎えします」と日本は世界に公言し、２０１３年の流行語大賞にもなりました。

しかしながら、オリンピックの東京開催が決定する以前から、老舗企業の出身者として全国各地で「おもてなし」のセミナーや講演を年間３００回を超えるペースで実施してきた私は、全国各地、さまざまな業種で「おもてなしを学びたい」という機運が盛り上がっていたことを肌で感じとっていました。

では、いま、なぜ「おもてなし」がそれだけ注目されているのでしょうか。

それは、現代が、お客様との信用と信頼の絆づくりをより強く求められている時代であるからです。お客様の最低限の目的は「モノの満足」に加えて「心の満足」にも及んでいるため、星の数ほどある同業他社から自社を選んでいただくためには、**マニュアル化された「サービス」を行っているだけではもはや不十分であり、それ以上の「おもてなし」が不可欠になっているのです。**

「ビジネス」は「営利活動」と訳され、「ボランティア（奉仕活動）」と区別されています。

お店・会社とは、基本的に営利を目的にして作られた組織であり、その維持・発展のためには、利益をもたらしてくれるお客様の支持を得ることが絶対に必要です。どんな業種もお客様を「不快」にする言動で接したら、お客様は利益を与えてくれるところか、取引に応じてくれません。さらには、悪いウワサも流出してしまい、取り返しのつかないことになってしまいます。

この対策として、接客力の強化、すなわち「おもてなし」が何よりも重要なのです。

また、お店・会社が存在し続けるためには、良質なサービスの提供、お客様にとって有益な情報の提供、お客様が求めている商品の開発が重要です。これらは、競合他社も必死に取り組んでおり、ライバルに対して差別化（ナンバー1）、個性化（オンリー1）を目指して行動し続けなければなりません。

このような中で、接客力の強化としての「おもてなし」は、商品開発費に比べて膨大な経費を必要とせず、経営的にも非常に有効な手段となるのです。

だからこそ、企業の経営者も「おもてなし」セミナーや講演に参加してくださり、「おもてなし」に力を注いでいるのです。


お店や企業だけでなく、自らの存続をかけて「おもてなし」に力を入れている地域もたくさんあります。

日本の人口が減少している中、全国各地の自治体では、自分の地域の定住人口を増やすことが課題となっていますが、同時に観光による交流人口を増やすことにも力を注いでいます。

他県からの観光客に「おもてなし」をし、「またあの場所に行きたい」と思ってもらうことが重要な施策なのです。

以前は観光地として繁栄していたのに、いまでは衰退してしまった場所もあります。観光名所をただ回るだけでは、「またあの場所に行きたい」と観光客が思うことはないのです。

「心の満足」が求められている時代だからこそ、地域の人々との心のやり取りがなければ、「またあの場所に行きたい」と思ってもらえません。

たとえば、知らない地域に行って道を尋ねたとき、親切に教えてもらえるとその地域の印象はよくなります。逆に対応が悪ければ、「もう二度と行きたくない」「ここには住みたくない」と思われてしまうのです。

だからこそ、交流人口を増やし、定住人口の増加につなげるためにも、全国各地で地域が競って「おもてなし」に力を注いでいるのです。

また、他県からだけでなく、海外からの観光客誘致についても多くの地域が対策に追われています。

日本政府は2013年東南アジア諸国の旅行者に対してビザ緩和処置を行い、「観光立国」を成長戦略の柱にしています。

さらには、日本人の気質に基づいた「食」に関する「習わし」が、「和食＝日本人の伝統的な食文化」として、ユネスコ無形文化遺産に登録されたことも日本への観光誘致を促す要因となっています。

和食の特徴として、「多様で新鮮な食材と素材の味わいを活用」「バランスのよい健康的な食生活」「自然の美しさの表現」「年中行事との関わり」（以上、農林水産省ホームページより）が挙げられています。世界に日本の食文化が発信されることで、今後さらに外国からの来日客が増えることが期待されます。

日本の自然（気候）、習わしから生まれた食文化、とりわけ季節折々の食材、自然の美しさと文化・歴史は日本の魅力であり、日本が世界に誇る「おもてなし」と密接に関係しています。

日本の「おもてなし」が海外から注目されているのは、官民ともに存続をかけて切礎琢磨している現状はもちろんのこと、日本人の優れた気質がそこに込められているからです。

人は「おもてなし」をされると、「またあの場所（お店）に行きたい」と思い、そして「他の場所へ行っても、他の誰かに会っても、何か物足りない……」と感じます。

その逆に「おもてなし」をされないと、「なんだ、あの場所（お店）は！　ひどい」「あの態度はなんだ、偉そうに！　ふざけるな」と、悪い印象を永遠に持ち続けることになります。

これは大変なことです。やがて、その場所（お店）は衰退し、培われたブランドも失墜することになるからです。

「おもてなし」はブランドを高めるための重要な要素だからこそ、注目され続けるのです。

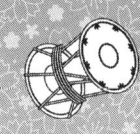

02 「おもてなし」とはそもそもなにか

先ほど、「サービス」を行っているだけではもはや不十分であり、それ以上の「おもてなし」が不可欠になったと書きましたが、サービスと「おもてなし」は意味合いが異なります。「おもてなし」とは、「もてなす」(持て成す)に丁寧語の〝お〟をつけた言葉です。一方、サービスは英語の「service」から来た言葉です。奉仕する、仕えるという意味の動詞「serve」が語源ですが、実はこの言葉の由来は、ラテン語の「奴隷」です。ゆえに、日本の奉仕とそもそもの意味合いが違うのです。

私は「おもてなし」をコミュニケーションスキルの最高峰だと考えます。「おもてなし」をするためには、「人としてのしっかりとした土台」が必要です。この「しっかりとした土台」がないと、偽りの「おもてなし」となり、相手から信用を得ることができません。

昨今メディアを騒がしている、ホスピタリティで有名な某ホテル、某百貨店、某テーマパークなどの食品偽装問題は、お客様からの信頼の崩壊に繋がりました。これによって、改めてこの「おもてなし」の土台が重要であることが再認識されました。

「おもてなし」の土台とはマナーです。私はマナーセミナーを担当することもありますが、マナーを一言で言えば、「相手を不快にさせないこと」です。まず、相手を不快にさせないことが土台であり、それを前提に「相手に喜んでもらえること」をするのが「おもてなし」です。

つまり「あの人にまた会いたい」と思ってもらえるようにする行為なのです。

では、日本の「おもてなし」の特徴とは何かと言いますと、**「とにかくきめ細やかな気くばり」**が挙げられます。

たとえば、庶民的なレストランや居酒屋の化粧室に、あぶらとり紙やコットンなどが無料で置かれていることがあります。日本人は慣れてしまっていますが、外国の方はびっくりします。このような気遣いはまさしく世界ナンバー1です。

日本が世界に誇る、ウォシュレットやマッサージチェアなどは、まさしく気くばりの賜物と思っています。実際、私がよく利用するホテルでは、無料でマッサージチェアを提供しており、外国の方が驚きながら使っています。

また、外国の方が旅館で日本食の朝食を召し上がった際、生卵を食べられず残したところ、次の日の朝食は、何も言わなかったのに目玉焼きになっていて驚いたと、感想を話していました。このように日本人は言葉にしなくてもわかる、感受性（気づく力）が高い国民性なのです。

相対性理論で知られる物理学者のアインシュタインは「こんなにすばらしい国は世界に永遠に残してほしい」と語ったことがあるほど親日家であったことで有名で、次のような言葉を残しています。

「日本には、われわれの国よりも、人と人とがもっと容易に親しくなれる一つの理由があります。それは、みずからの感情や憎悪をあらわにしないで、どんな状況下でも落ち着いて、ことをそのままに保とうとするといった日本特有の伝統があるのです」

（杉元賢治、佐藤文隆編訳『アインシュタイン日本で相対論を語る』講談社）

海外から、「日本人は表情があまり変わらず何を考えているかわからない」と昔から評されています。しかし、これは周囲に自分の憎悪の感情を出さないことで、無駄な争いを起こさないという日本人の気質の表れでもあります。

また、東日本大震災のとき、非常事態であっても、被災者の方々が礼儀正しく、避難所生活においても、履物をきちんと並べ、配給時も列を乱さず混乱を起こさなかったなど、例を挙げればキリがないほど世界から驚愕と称賛の目で見られたことは日本人の誇りでもありました。

このような日本人の気質は、国土が島国であることとも関係があります。海に囲まれ、国土の七割が山間部である日本においては、限られた国土の中で、周囲の人と争うことなく生活するためには、相手を思いやり、争いのないように折り合いをつける必要があり、「遠慮」や「謙遜」が日本人の特長として脈々と受け継がれているのです。

そして、周囲の目を特に気にする日本人は、「言わなくてもわかる」（あ・うんの呼吸）という独自の感受性が磨かれてきたのです。

しかし、これは日本人古来の特性であり、現代の日本人が全員礼儀正しく、周囲との協調に努め、言わなくてもわかる感受性（気づく力）を身につけているかと言えば、一概には言えません。だからこそ、現代の日本人は、まず日本を知ることで、世界に誇る「おもてなし」の価値と日本の本当の強さを理解しなければなりません。

戦後、日本では車や家電に代表される製造業が発展しました。日本車や前述のウォシュレット、マッサージチェア、もちろん伝統工芸品もそうですが、**「とにかくきめ細やかな気くばり」**を形にし、世界に誇る高品質で高性能な製品がつくれたのも、この日本人の感受性（気づく力）の賜物ではないかと思います。

日本人の優れた能力である〝言わなくてもわかる〟国民性、感受性（気づく力）に磨きをかけることが日本が世界との競争で勝つ上で重要であり、その強みである能力を存分に発揮できる「おもてなし」は、「あの人にまた会いたい」と思ってもらえるだけでなく、モノを通して相手に喜んでもらえることができるのです。

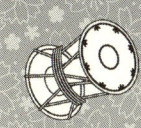

03

「おもてなし」の中でも「老舗」はなぜすごいのか

私は幼いころから、「老舗」の店に行くのが好きでした。自宅近くには、くず餅で有名な「船橋屋」があり、亀戸天神に参拝した後、心を弾ませながら軒先の藤棚をくぐったものです。

また、老舗の代表格である「虎屋」に行くときは、いつもより着飾った洋服を着せてもらい、少し緊張しながら暖簾をくぐったことをいまでも鮮明に覚えています。「老舗」にはそれぞれ独特の雰囲気があり、時を超えた空気感が実に心地よいのです。

だからこそ、現在の会社を設立する前、「老舗が好き」という極めて明快な理由で、いまから３００年前の江戸時代に創業した「老舗」の会社で働きながら「おもてなし」の研究を始めたことがいまの私の礎なのです。

老舗で働いた約20年間、お店で商品の販売から始まり、営業、商品開発、販売促進、広告宣伝、広報、総務、人事、最終的には教育・人材開発の責任者を務めました。そのときの仕事の内容をわかりやすく言えば、「お客様に対する社員の〈おもてなし〉度を高める。そのために社員の心を育み、人間性を高める教育を行う」ということでした。

老舗の社員は、日々心を込めて接客しなければなりません。それをしっかりと行い続けてきたお店だけが暖簾を受け継ぎ、その結果、何百年も続く老舗となるのです。お客様に接する仕事ならば、老舗でなくても当たり前のことですが、この「当たり前」の大切さを社員の心にしっかりと宿らせることが私の仕事でした。つまり、お客様に喜んでいただき、感激・感動していただくために、当たり前のことを当たり前にできるよう、社員の心を育むことが私の務めだったのです。

「おもてなし」というと、お客様に直接、接客・接遇することをイメージされる方が多いと思います。しかし、実はそれだけではなく、**「お客様をお迎えする前に、どれだけお客様のことを真剣に考えて、事前準備に力を尽くすことができるか」**こそが

「おもてなし」の真髄なのです。「老舗のおもてなし」のすごさを、老舗で働いていた当時の上司のおかげで私は気づくことができました。この上司については、後の04で詳しくお話することにして、先にエピソードを紹介いたします。

それはいまから十数年前に遡ります。

私が勤めていた老舗企業は、新しい世紀を迎えるにあたり、創業の原点に戻ろうと、これまでの都会的な雰囲気から一転して「江戸の趣」をお客様に感じていただける店舗にイメージチェンジすることになりました。

このような場合、一般的にはプロの内装業者に依頼して改装するものですが、担当を任された私の上司は日中の仕事を終えた後の深夜、自分の手で店内を改装していったのです。業者が集中して改装しているわけではないので、店内の装いに急激な変化が現れるわけではなく、私たちが朝、出社すると毎日少しだけ店内が変化していることに気づく程度でした。

当時の私は、上司がなぜ専門業者に依頼しないのかまったく理解できませんでした。しかし、1か月ほどして店内が「江戸の趣」を感じる雰囲気になった頃、店頭に新しく加わった竹に水やりをしていると、通行人の方から「都会の真ん中なのに竹が青々としてきれいね～」と声をかけられ、私は「ハッ」としたのです。

それまでお店の社員がお客様をお迎えする準備は、清掃や商品陳列、品揃えなどであり、このような日常的な作業をお店の誰もが「手慣れた仕事」として淡々とこなしていく毎日でした。

ところが、上司が毎日コツコツと装飾して運び入れた囲炉裏《いろり》や行灯《あんどん》、障子の衝立、金魚鉢、つくばい、鹿威《ししおど》し、植木などは、整理・整頓・清掃、水やり、餌やりなどすべてに細かい「手入れ」が必要なものばかりでした。はじめは誰もが「ただでさえ忙しいのに余計な仕事が増えて……」と不平不満を顔に出していましたが、生き物である金魚の餌やりや植木の水やりを止めるわけにはいかず、係を決めてしぶしぶ行っているうちに、不思議と愛着が増していったのです。

すると、お客様からも「あら、かわいい金魚ね～」「打ち水が粋で涼やかだね～」などと、販売以外のことでお声をかけていただく機会が急増したのです。さらに「ここに来る度にお店に変化があるから楽しみなのよ～」と、お客様からご期待が高まるにつれ、お店のスタッフもいっそういきいきとして、自ら一歩前に出てお客様と積極的に会話するようになったのです。

スタッフとお客様との距離が会話によって縮まることで店内に会話の花が咲き、大きな賑わいになりました。

多額の費用をかけたすばらしい施設であっても、働いているスタッフが手入れに心を込めていなければ、味気ない「ただの施設」になってしまいます。施設が古くても、働いているスタッフが愛着を持ち、心を込めて手入れをすることで、施設に温もりを与え、お客様にとって居心地のよい空間を作り出すことができるのです。

お客様にはそれを見抜く力があります。

私の上司は、お店のスタッフが自分のお店に愛着と誇りを持ち、「多くのお客様にご来店して喜んでもらうため、隅々に心を配り、自分たちで心を込めて手入れする」というお店づくりを実践していたのです。まさしく、事前準備に力を尽くした老舗の「おもてなし」の心を育むお店だったのです。

老舗の特徴をまとめると、次の3つになります。

① 次の世代に伝えるやり方がうまいからこそ老舗でいられる
② 顧客から愛され続ける老舗の顧客優先の姿
③ 独特の社員モチベーション

この3つの特徴が、老舗の「おもてなし」のすごさに繋がっているのです。

04 次の世代に伝えるやり方がうまいからこそ老舗

「老舗《しにせ》」（先祖代々にわたって伝統的に事業を行っているお店や会社）の語源は、動詞「為似す・仕似す（しにす）」に由来します。「しにす」は「真似てする」（語源辞典）という意味から、江戸時代、家業を絶やさず守り継ぐという意味となり、長年商売をして信用を得る意味で用いられるようになったそうです。

江戸時代、商人が何を一番真似たかというと、商品ではなく〝人〟でした。人間性が高く、人として魅力のある番頭を〝師匠〟として目標にしたのです。

自分がよいと思う人を徹底して真似ることで、人格も含め商人として磨かれていき、お客様との信頼・信用を築き続けた結果として、何百年も商いを続けることができたのです。そして、私にとっての〝師匠〟とは、前述の本店改装のエピソードに登場する老舗時代の上司で、現在の私の会社の会長です。

私の師匠は、日本で唯一、江戸時代から続くガラス風鈴を伝統製法に則って製造販売している江戸篠原家の一族の方です。

そして、師匠の伯父である「篠原風鈴本舗」の篠原儀治会長は、江戸の文化に造詣が深かった石原慎太郎都知事（当時）に名誉都民の称号を与えられた、日本が世界に誇る江戸の匠です。

私の師匠はそのような一族の血統を受け継いだ「江戸商人研究家」です。その師匠に「江戸の匠は何がすごいのですか？」と率直に聞いてみたところ、「匠は作ることだけがすごいと思われがちだけど、自分がつくっているものについて質問されたら何でも答えることができる、ものすごく博学で知識の塊なのだよ」と即答されました。

老舗とは長く続いている組織です。篠原風鈴本舗のように、その業種や業界における唯一の存在として、リーディングカンパニーの立場を果たしている会社も少なくありません。

つまり、メディアから取材を受ければ、発言がそのまま電波に乗ったり、活字になって、何百万、何千万の人の知識に加えられるという責任を背負っていることを自覚して活動しているのです。

「老舗は伝統を受け継いでいる」という広告コピーをよく耳にします。それは、自分達の商品を自動販売機のようにただ売るだけではなく、**その商品の歴史やルーツをしっかりと学び、それを人に伝えることに責任感を持っている**ということです。

私の師匠が老舗の広告宣伝部署の責任者を務めているときにこんなことがありました。テレビCMの制作を大手広告代理店へ依頼した私たちは、CMの内容についてプレゼンを受けることになりました。

その日、カタカナだらけの業界言葉を並べたてて、自分のプランについてペラペラと得意顔で説明した代理店の担当者に、師匠は「あなたは何百年も続く老舗のブランドを左右する責任をどのくらい持ったうえで、このプランを推しているのですか？」

と質問したのです。担当者は絶句し、自分たちの軽薄ぶりに赤面した場面を私は昨日のことのようにハッキリと覚えています。

このように、師匠は自分の任務をしっかりと自覚して職務を全うしていたので、本当に多くの社員が啓発されました。私も先祖代々商いをしている一族の者でありますが、かなりの刺激を受け、師匠を〝真似る〟ことを無意識で行っていたように思います。

また、師匠は老舗の本店で「口上」をスタートさせました。いまでこそ江戸の老舗企業の中には店頭で口上を行うお店が増えましたが、師匠はその一番手でした。メディアから注目を集めたことは言うまでもなく、自らもテレビ出演を行い、頻繁にテレビの取材が入る店としてブランドを確立させました。

師匠が行った「口上」は、ただ単に商品の説明やお店の説明をするのではなく、お客様に喜んでいただきたいとの思いで、江戸の商人をほうふつさせる丁髷《ちょんまげ》にハッピ姿で自ら率先して店頭に立ち、その様子をたくさんの部下に見せるというものでした。

師匠は非常に優秀なエリートビジネスマンでしたが、机上の企画マンではなく、自分が先頭に立って行動する姿を通じて、それを真似させることで、次世代に繋げることを考えていたのです。

このように、よいものを真似ていく風土を作れば、商いが長く続く老舗が誕生するのです。

また、老舗の社員はお客様との「信用・信頼の絆」が強固であると言えます。だからこそ、「自分のミスで暖簾に絶対に傷をつけられない！」という非常に強い責任感と使命感を持ち、自分の仕事や役割に誇りを持つようになるのです。これが、「次の世代に伝えるやり方がうまい」と老舗が言われる所以かもしれません。

「プロが選ぶ日本の旅館」で長年に渡り連続総合第1位に選ばれている石川県和倉温泉「加賀屋」の小田会長と、お仕事でご一緒させていただくことがあります。小田会長は「加賀屋で長年勤めてくれている仲居さんがいるからこそいまの加賀屋がある」と常々語られています。

事実、老舗の社員は自分の仕事や役割に誇りを持っています。

私の会社である株式会社さくらコミュニケーションズには、取締役として上田弥生さんという、とても素敵な女性がいます。彼女は私が老舗企業に勤めていたときの後輩であり、創業時の功労者でもあり、私の大切なパートナーです。

彼女は役員秘書を経て、広報のメイン担当者となり、頻繁にテレビに出演していました。その当時から彼女は老舗のブランドに傷がつかないように言動には常に注意を払い、凛とした姿で仕事をしていました。自分の会社を設立する際に、会社を成長させていく過程でブランドをしっかりと守ってくれる人が何よりも重要だと感じていた私は、会社創設のメンバーとして一番はじめに彼女に声をかけました。それは、自分の仕事や役割に誇りを持てる人が、会社の要になることを確信していたからです。

老舗の「次の世代に伝えるやり方」とは、「自分のミスで暖簾に絶対に傷をつけられない！」と、社員が非常に強い責任感と使命感を持つことです。

つまり、先輩社員は、後輩社員に自分の仕事や役割に誇りを持たせることができるように働きかけることです。これがしっかりできている組織が、老舗として後世に名を残すのではないでしょうか。

05 お客様から愛され続ける老舗の顧客優先の姿

〝顧客ロイヤリティ〟という言葉があります。用語辞典によると、「特定の商品に対する優良顧客の忠誠心のこと」とあります。

私も〝顧客ロイヤリティ戦略〟をテーマに講演を依頼されることがあります。老舗のお客様は老舗に忠誠心を持ってくださる方が非常に多いのです。

老舗の代名詞でもある、伊勢の「赤福」は、毎月1日、赤福本店限定の商品を販売しています。当日は午前3時30分より事前受付分で列整理券を配布するのですが、お客様はその前から本店前に並ぶことになります。普通では考えられない光景ですが、まさしく顧客から愛されている老舗のひとつであることを証明するものです。

たとえば、大事な人のために贈り物を購入する際、自分が小さい頃、親が利用していた老舗を利用するケースをよく見受けます。また、子どもの頃に口にしていたもの、または憧れていたものなどが、大人になっても影響していることが多々あります。このように、老舗は子どもの頃から親を通じて親しんでいるということもあり、忠誠心が芽生えやすくなるのです。

どの企業も子どもをビジネスにどのように取り入れるかを戦略として考えています。その最たる例が、子どもを対象にした工場見学です。

私の師匠は、工場見学がブームになるずっと以前から、子どもたちに自社の製造工程を見学させていました。それはガラスごしに遠くから見せるのではなく、製造の現場を目の前で見せるというサファリパーク型の工場見学でした。決して子どもをターゲットにした製品工場ではないのですが、子どもにも興味をもってもらい、子どもを喜ばせることで親にも喜んでいただくことに加え、将来の顧客作りという長期的な視野で行っていたのです。

その後、師匠は、日本で唯一の工場見学を推進する団体「ＮＰＯプラントツアーズ」（代表・上田弥生）に発展させ、大手広告代理店のアドバイザーになるなど、現在の工場見学のブームの先駆けとなりました。子どもの頃から親しみを持っていただくことが、まさしく世代をつなぐ、顧客に愛される老舗の姿でもあります。

逆に、顧客に愛されない店も存在します。

たとえば、最近大変多く体験することですが、閉店時間ギリギリに入店すると、店員が露骨に嫌な顔をしたり、「もう閉店の時間です」と淡々と言われたりすることがあります。もちろん、お店のルールがあるので早めに入店しなければならないのですが、そのような体験をすると、もう二度と来店したいという気持ちになりません。つまり、あまりにシステム的な対応をするお店が多いということです。

顧客に愛されるお店とは、閉店時間になって商品ケースに幕をかけている状況でも、お客様がお越しくだされば、「どうぞごゆっくりお選びください」と快くお声がけする対応をしています。これこそが顧客優先の姿であり、老舗にとっては当たり前のことでした。

江戸時代、大店で働くことになった丁稚《でっち》（職人や商人などの家に奉公し、雑用に従事する少年『語源由来辞典』）は、住み込みで商人道の基本を叩き込まれました。2~3年勤めてようやく「在所登り《ざいしょ》」といって親元を訪ねることを許されるほど厳しいもので、昼夜問わずに働きました。

ちなみに松下電器（現パナソニック）の創業者であり「経営の神様」と呼ばれた松下幸之助は、9歳で親元を離れ、15歳まで丁稚奉公で働くという少年時代を過ごしました。掃除、洗濯、おつかいなどで一日中労働するうちに、「世の中の人々のお役に立ちたい」という思いを強くし、すぐ行動に移す力を養ったと言われています。

私自身、老舗の繁忙期には、連続で何回も休日出勤した経験がありますし、もちろん他の先輩方にも休日返上で献身的に働き続ける方がいました。現在では「ブラック企業」と言われてしまうかもしれませんが、「連続出勤」を皆が誇らしく話していたことを思い出します。

このような心意気こそが老舗で働く者にとっては誇りであり、自信に繋がっていたのではないかと思います。だからこそ、お客様のためには、閉店間際であっても、また自分たちがどんなに疲れていたとしても、「おもてなし」の心でお迎えすることをいとわないのです。

また、日常の商いにおいても、些細なことですが、顧客優先の姿があります。たとえば、アソートギフト（詰め合わせ）というものはいまでこそ当たり前になっていますが、老舗では以前から常にお客様の要望に対応できるようにしています。

たとえば、カタログに載っているセット商品は、本社から詰め合わせ内容が決められて販売しています。しかし、店頭でお客様が既存の詰め合わせではない組み合わせをご要望されれば、箱の仕切りを手作りしてでもできる限り対応します。

また、商品の店頭在庫がなくなってしまった際には、お客様に後日改めてご来店していただくことが普通ですが、私が勤めていた老舗ではすぐに近くの店舗に連絡をとり、商品を確保していました。その上で、「お客様、申し訳ございませんが、あと1時間ほどで商品をお渡しすることができます」と申し上げ、たとえ1個の注文でも往復の交通費をかけて制服のまま電車やバスに乗り、その店舗まで取りに行きました。

また、どうしても商品が揃わないときは、後日お客様のお手元へお届けしましたが、配送ではなく、直接お客様のもとへ自分たちで、商品をお届けするようにしていました。

このようなことを日々当たり前のようにしているのが老舗の商いなのです。ただシステムに則って仕事をしているのでなく、自分たちができることを一生懸命やり、そして**「すぐに行動すること」**を徹底しているのです。丁稚奉公から商いを学んだ松下幸之助もしかりです。お客様のために「すぐ行動に移す力」こそが、顧客から愛され続ける老舗の「顧客優先の姿」なのです。

06 独特な社員モチベーション

通常、会社には経営者である社長、参謀役の専務がいます。かつて老舗では奉公人が社長を敬って旦那様と呼び、お店のすべてを預かる立場の者は番頭という職名でした。そもそも番頭とは奉公人のトップ、使用人の頭であり、経営陣の一員ではないのです。そのため、老舗は経営者以下番頭を筆頭にしたフラットな組織になっています。

老舗の経営者はカリスマ経営者です。社員もそのことをよく理解しているので「いつか自分が社長になってやろう」というような夢を抱く者は現れません。そう思った時点で会社を離れることになります。

組織がフラットなので、老舗の社員同士は学校のクラスメイトという感覚を持ち合わせています。この場合、経営者は先生役ですので、誰かが先生（経営者）に叱られたら、その生徒（社員）を皆で励ましたり、一緒になって叱ったりします。クラスメイトは同僚に限らず上司も同じです。会議などで経営者（先生）から上司（クラスメイト）が叱責されたときなどは、女性社員（クラスメイト）がいつもより優しい口調で上司（クラスメイト）と接していました。

このように「人としてのあたたかさ」を恥ずかしがらずに出せる和気あいあいとした雰囲気があることがよい「老舗になっていく会社の条件」なのです。

歓迎会や送別会、あるいは社員旅行で、皆で笑ったり、喜んだり、泣いたり、歌ったり、騒いだりすることで、年代や性別に関係なく**「同じ釜の飯を食べる仲間」として喜怒哀楽の感情を共有することができます。このような仲間としての絆を育むことを仕事のエネルギー源とする独特なモチベーションが老舗には存在しています。**

経営者は一人嫌われ役を買うことになりますが、老舗の経営者である以上、これは宿命です。老舗の経営者は社員よりも商いを第一とすることが役割ですから、そもそも嫌われ役であることさえ自覚していないと思います。要は器が大きいのです。

老舗の経営者は、きれいごとを並べるのではなく、とにかく商いのことばかりを考えています。そうでなければ老舗の経営者は務まらないのです。私が勤めていた老舗の経営者も四六時中商いのことばかり考えていた方でした。それを物語る出来事として、いまでも鮮明に覚えていることがあります。

商戦シーズンを前にしたある日、現場の責任者である役員が「社長から預かったメッセージを伝えるので集まるように」と、本社の全社員を早朝会議室に招集したことがありました。

私が勤めていた老舗は、戦前から外国とのビジネスをスタートし、その後、北半球から南半球へと海外事業を拡大していました。当然のことながらトップは多忙を極めていて、当時社長を日本で見かける機会は稀でした。ですから、「社長のメッセージって何かしら」と思いながら、メモ帳を手に取り、急ぎ会議室へ向かいました。

本社の全社員が集まり、静寂の中で役員が社長からのメッセージが書かれた白い紙を封筒から取り出しました。「これから、社長からのメッセージを読み上げます」と、私たちの顔をゆっくりと見回した後に、次のように大きな声で言いました。

「とにかく売れや!!」

集まってわずか1分間の出来事でしたが、全員がビクッとしました。役員が「以上、解散!」と言い終えた直後、営業チームが本社から猛然と飛び出して行ったことを鮮明に覚えています。

メモ帳を手にしていた私は、あまりに短いメッセージにあっけにとられてしまいましたが、「すごい! さすが何百年も続く老舗の社長」と妙に納得してしまいました。商いのことを四六時中考えている人にとって、細かい言い回しや丁寧な言葉づかいなど二の次であることを、まざまざと感じた瞬間でした。

「とにかく売れや!!」

これは経営者となったいまでも、私が肝にしっかりと命じている言葉です。

私が勤めていた老舗企業の社員は、このような経営者の姿に感化されて、繁忙期には休日を返上してでも献身的に仕事をしますが、お店が落ち着く時期にはまとまった休暇をとることができました。私は海外旅行に毎年行っていましたが、他の社員は国内外への旅行、スキー、ゴルフ、帰省、実家で畑仕事など、休暇の時間を皆それぞれ満喫していました。さまざまな世界を見たり、知ったりすることで、いろいろな角度から見識を広げ、それをお客様との会話で話題にしたり、自分の業務の質を向上させるなど、社員が自分から自己研磨していたのです。このようなオンとオフのメリハリが、仕事に対するモチベーションを作るうえで非常に有効なのです。

また、社員のモチベーションとして大きいのが、ライバルの存在です。ほとんどの老舗企業には、長年鎬《しのぎ》を削ってきた競合会社がいます。老舗同士、暖簾・看板のプライドをかけて、「絶対にあの会社には負けない！」という、ものすごい闘志が水面下でみなぎっています。これぞまさしく、老舗独特の社員のモチベーションです。若手社員は、同業他社が集う催事の応援に行くことがありますが、ライバルには「絶対負けないぞ！」という強い思いで接客をします。私も新人で初めて催事の応援に行った時は、当時の女性の店長から「絶対に負けるな！」とカツを入れられたものです。

このような社員のモチベーションが、老舗が長年商いを続ける原動力となり、屋台骨を支えています。何よりも強いモチベーションは、親御さんや親戚からの絶大な応援です。

全国的に名前の知られている老舗は、安心と信頼という強固なブランド力を持っているので全国から社員が集まります。

老舗企業への就職は、安定した仕事に就けたことに加え、誰もが知っている有名な会社であればあるほど、親御さんの自慢にもなります。子どもや孫が老舗企業に就職したことを周囲にも話し、その会社が扱っているおなじみの商品をたくさん購入し、親戚やご近所さんにも配ったりもしますので、ものすごい宣伝効果です。周囲もますます応援しますし、老舗に勤めた本人も親や親戚だけでなく、ご近所さんからも「よいところにお勤めですね」と口々にほめてもらえるので、就職した老舗にさらに誇りを持ち、モチベーションが高まるのです。

ですから、老舗を退職すると、親ががっかりしてしまい、悲しませて申し訳ない気持ちになってしまいます。**本人だけでなく親御さん、周囲からの応援という絶大な力が加わり、老舗の暖簾に強固な誇りを持つことができるのです。**

07 江戸の風土が教える「師弟関係」の教育

江戸時代、子どもの教育は寺小屋で行っていました。江戸時代後期には、全国に2万か所以上の寺小屋があったといいます。「寺小屋」という名称は江戸時代の教育がお寺で行われていたことの名残ですが、先生は僧侶、武士、神官、医師など多種多様で、当時の日本人の識字率の高さ、計算の速さは、世界的にも稀有でした。

江戸の寺小屋は、商家が子弟のためにお金を出し合って師匠を雇っていました。その後、商家や武家屋敷に奉公に出て、日夜、礼儀作法から始まる実用の技能を習得していました。特に、丁稚奉公は一番実になったと言われています。丁稚奉公は商家に入り、人間性が高く、人としても魅力のある番頭を〝師匠〟として目標にしました。

住み込みで四六時中教わる環境でしたので、現代の私たちからすれば想像を超える信頼関係が、師匠である番頭と、弟子である丁稚の間に築かれていったはずです。

だからこそ、老舗の語源となった「真似ること」は、「師匠のすべてを真似ていくこと」として、誇りが持てたのです。

また、信仰深かった江戸時代、信仰を持つ人々が集まる講の場で学ぶことも多々ありました。

士農工商の身分制度では、商人は社会的にもっとも劣位に置かれていましたが、禅僧である鈴木正三は、士農工商の区分は身分の序列ではなく、社会貢献範囲の分類に過ぎないと説きました。

鈴木正三は、日本最大の企業「トヨタ」のお膝元である愛知県豊田市で「トヨタ式経営」の思想的開祖として尊敬を集めている人物です。

正三は「天には神や仏がいる。人間の生活をじっと見ている。そして、欲しくてもその品物ができない地域に対しては、誰か自分の代わりにそこへ運んでくれればいいと考えている。商人はその代行者だ。したがって商人は、仏の代理人だと考えるべきだ」と説きました（『江戸商人300年の知恵』より）。

老舗の中には店主が鈴木正三に影響を受け、商人であることに誇りを持ち、商いの精神を商家の家訓としていまに残しているところもあります。

それぞれの老舗には創業当時から大事に守られている家訓や理念があります。その家訓や理念を師匠からしっかりと受け継いで次の世代に伝えていくことが、弟子の大切な役割です。老舗の使命は、売上をあげることよりも、次の代にバトンをしっかりと渡すことが重要だからです。

私も老舗に在職中、自分たちが勤める会社の歴史や創業当時の理念などを師匠から教えていただきました。販売、営業、商品開発、販売促進、広告宣伝、広報、総務、人事、人材開発、社員教育と、さまざまな部署で仕事をしましたが、あらゆる場面で、理念を損なわないか、老舗としてふさわしいかどうかを考えさせられました。

人材開発の担当者として新入社員の教育をした際に、まずはじめに伝えたのが、会社の歴史と創業者の理念でした。

歴史や創業の理念を学ぶことで、自分が働く上で、行動の規範ができ上がってくるからです。

江戸時代から続く老舗でしたので、新入社員教育では、お客様に与える印象として〝日本らしさ〟を大事にしなければなりませんでした。

だから髪の毛の色を明るくしてオシャレをしたいと思う若い女性にも容赦なく黒髪にしてもらいました。それが嫌でお店を辞めたいと思うならば辞めていただいて構わないという毅然とした姿勢で教育を行いました。老舗の暖簾のブランドイメージを守るために、身だしなみは何よりも大事だからです。

「なぜそうしなければならないのか」、しっかりと理由を話し、本人が改善しない場合に毅然とした姿勢を示さなければ、他の多くの社員に示しがつかないのです。

現在、スタッフの対応で定評がある、スターバックスに代表されるようなシアトル系のコーヒーチェーン店も同様に、アルバイトの教育時にかなりの時間を要して理念を伝え、行動の規範としています。

働く人数が多くなればなるほど、創業から時間が経てば経つほど、創業の想いや本当に大切にしたいことを伝えるのが難しくなります。全国展開している多くのチェーン店が頭を悩ませていることです。

ちなみに、私の初めての店頭勤務の日、店長は売上の計算をする際に、私を隣に立たせて、おもむろにそろばんを出し、「そろばんで計算をしてみなさい」と言いました。たまたま子どもの頃にそろばんを習っていたので事なきを得ましたが、老舗というのはこのようなことも試すのかと、驚きました。

また、贈答用の掛け紙の宛名書きを、ご要望されたお客様の目の前で書かなければならないのですが、緊張してうまく書くことができず、筆ペンを書く練習を自宅で何時間もしたことなど、いまとなってはよい思い出です。

いまの時代は、自分らしさを追求することや個性が大事だと言われています。しかし、人のよいところを真似るというのは、**何より本人に素直さと、相手に対する尊敬の念がなければできないことです。**

性格とも関係しますが、年齢を重ねて経験を積むと素直さがなくなってくると言います。だからこそ、いくつになっても素直さを持ち続けられることができることが、大変重要です。素直でなければ、助言や話を聞いて、学ぶことができなくなります。謙虚さがなくなることで、人間的な成長も止まってしまいますし、人間関係を損なうことにも繋がります。

江戸の風土が教える「師弟関係」の教育は、この素直さを持ち続けることができるしくみでもあるのです。

08 「おもてなし」のすごさは「場所や状況を選ばないこと」

大人から子どもまで大人気のディズニーランド、ホスピタリティで有名な某ホテルでは、莫大な投資をかけて別世界を作り出し、非日常空間の中で夢のようなひとときや洗練された空間で上質な時間を過ごすことができます。このような特別な場所を訪れることも時には楽しいものです。

しかし、広大な敷地や雰囲気づくり、施設に投資することができるのは前述したような資産規模の企業に限られます。では、そのような莫大な投資をかけて環境を整えなければ、お客様を魅了することはできないのでしょうか。

いいえ、そんなことは決してありません。喜びや感動を与える「おもてなし」は、場所や状況を選ばず、環境が整っていなくてもできるからこそ、すばらしいのです。

私がセミナーや講演会で受講者の皆さまに必ず強調してお話していることは、**お金をかけずに相手に喜んでいただくことを考える**のが「おもてなし」であるということです。

私の師匠には、いまも語り継がれている逸話があります。師匠の前職時代、自分の上司であり、後の社長となる専務に随行して東南アジアの国に出張したときのことです。出張の合間に密林の中に眠る遺跡を観光する日程が組み込まれていることを出国前に知った師匠は、上司の好きな炭酸飲料を日本で購入し、それを現地のホテルの冷凍庫で凍らせておきました。そして、遺跡観光の日、凍ったペットボトルを持って行き、観光を終えて汗だくなっている上司にちょうど飲みごろになっていたドリンクを「どうぞ」と差し出したのです。その時、師匠の上司は「お前……、これ……、日本で買って持ってきたのか……。ありがとう!!」と、声が出ないほど驚いて、すごく喜んでくれたそうなのです。師匠はこの話をとても嬉しそうに私たちに話してくれました。

大切なお客様をもてなしたいと考えて、豪華客船やヘリコプター、リムジンをチャーターしたり、超高級料理店での食事をセッティングしたりするなど、高額な費用をかける「おもてなし」は、もちろん大変喜んでいただけます。しかしながら、それでは、お金がなければ「おもてなし」ができないことになってしまいます。できないものを求めるのではなく、まずは**自分ができる範囲で、相手のために精一杯できることを考える、**ということを師匠の話から私は学ばせていただきました。

時代を遡り、鎌倉時代の話をします。身分を隠して諸国行脚の旅をしていた鎌倉幕府の執権・北条時頼は、上野国《こうずけのくに》（現在の群馬県）佐野で大雪に遭い、通りがかった家に宿を求めました。その家は大変貧しい暮らしをしており、家にいた夫人は宿泊を断ったのですが、帰ってきた家の主人（佐野源左衛門常世《さのげんざえもんつねよ》）が話を聞いて、時頼を追いかけて呼び戻し、泊めることになったのです。そして、貧しい生活ながらも粟めしを炊いて、時頼をもてなしました。その日は大雪で冷え込みが厳しく、囲炉裏にくべる薪もなくなってしまいました。すると、主人は家宝にしていた、梅・松・桜の鉢の木の枝を、見ず知らずの時頼のために燃やしてくれたのです。このもてなしを受けた時頼は、春になると鎌倉に主人を呼び寄せ、梅・松・桜という名を持つ三つの土地を贈りました。これが謡曲にもなった『鉢の木』の話です。人の心を動かす、古くから日本に伝わるお話です。まさしく「おもてなし」の力を示す美談です。

私は「おもてなし」を研究していますが、歴史上の偉人で誰が一番もてなし上手だったかと言えば、これは群を抜いて**〝豊臣秀吉〟**です。秀吉のもてなしに関する逸話はたくさんありますが、その中でも大変有名なものが、「草履」の話です。ご存知の方も多いでしょう。秀吉がまだ信長の草履取りをしていた時代、ある雪の夜、信長が草履を履くと温かくなっていることに気づきました。信長が「おまえ、わしの草履に腰をかけていたな。不届き者め」と怒ったところ、秀吉は「寒空なので、御足が冷えていらっしゃるだろうと思い、私が懐に入れて温めておりました」と懐を開いて草履の跡を見せ、信長を感心させたという話です。

置かれた環境を言い訳にすることなく、自分ができる範囲で、精一杯相手のためにできることを考えることを、いま一度自分自身で見つめ直すことが必要なのです。

09 老舗のしなやかさ、しぶとさ

「この世に生き残る生物は、最も力の強いものか。そうではない。もっとも頭のいいものか。そうでもない。それは、変化に対応できる生き物だ」

これは進化論を唱えたダーウィンの主張だと言われています。世代を超えて生き残ってきた老舗も、変化に対応してきたからこそ、存続しているのです。

老舗の店主たちは「革新の連続が老舗」だと言います。

伊勢神宮の参道に創業して300年を超える「赤福」。

その名は、まごころ（赤心）を尽くすことで素直に他人の幸せを喜ぶことができる

〈慶福〉という意味の「赤心慶福」に由来するそうで、すでに創業時に「〈おもてなし〉の心」がみなぎっていたことをいまに伝えています。

また、時代に合わせて、2個入りの取り分けやすい紙箱のパッケージを販売するなど、お客様のニーズにも応えています。

和菓子の「虎屋」は室町時代に創業して約500年も商いを続けている大老舗です。

1980年に「和菓子を通して日本文化を海外に広めたい」との思いでフランスのパリへ出店して大きな話題となりました。最近も話題のスポットである六本木ミッドタウンに「自由で新しいお菓子の世界の提案」をコンセプトにしたトラヤカフェを出店しました。これは虎屋の代名詞である羊羹《ようかん》を置いていないお店です。

まさしく、いまも革新をし続けている「しなやかな老舗」の代表格といえるでしょう。

虎屋の他にも、時代の移り変わりにより取り扱う商材を変えていった老舗はたくさんあります。

たとえば、ふとんの「西川」は1566年創業です。

世にいう「近江商人」であり、蚊帳《かや》などを売り歩いていた行商がルーツです。

その後、明治に入ると蚊帳は季節商品であり、また産地が増えて近江の独占商品でなくなり売上が低迷しつつあったことをきっかけに、それまで買うものではなく自家で作るものであった「ふとん」を商品化したのです。

また、「上から読んでも山本山、下から読んでも山本山」のキャッチコピーで有名な山本山は、１６９０年の創業です。

創業当時はお茶を扱っていましたが、戦時中お茶が統制品となってしまい、売ることができなくなってしまったことから、保存方法が似ていた海苔に目をつけて販売を始めたのです。これも生き残るため、時代の変化に対応した好例です。

日本は世界最多の長寿企業（老舗）が存在しています。老舗が生き残るための秘訣が、時代の変化に柔軟に対応していく、〝**しなやかさ**〟なのです。

そして、もうひとつの生き残る秘訣が〝**しぶとさ**〟です。

「おもてなし」というと、とてもきれいな言葉に感じられる方がセミナーでは多くいらっしゃいます。そのような方に「おもてなし」を学ぶ理由として、お客様に選ばれ続けて生き残るために「おもてなし」を学ぶのです、と私はお伝えしています。間違いなく老舗はしぶとく、生き残る知恵に長けているからこその老舗なのです

老舗の〝しぶとさ〟を感じる事例としては、トラブル対応が挙げられます。

長い歴史の中で世間を騒がせた不祥事が発覚し、大変な事態に陥った老舗もあります。

普通の企業であれば商いを続けることが難しいのですが、その大変な事態をきっかけに製造工程などをすべて見直し、お客様の支持を再び得ることができた老舗も存在します。


たとえば、ある老舗企業の食品会社は、食材の使い回しが発覚した際の謝罪の記者会見で「もったいないと思った」と釈明していました。

もちろん、食材の使いまわしは許されることではありませんが、この「もったいな

い」という日本独自の概念の言葉を聞いて、子どもの頃にごはんを残すと親から「目が潰れる」と躾されてきた深層心理で許容してしまった方もいるのではないでしょうか。

謝罪の仕方ひとつにしても、何度も倒産の危機を乗り越えてきた老舗が〝しぶとい〟のは**多くの顧客の心をつかんできたからにほかなりません。**

食品の産地偽装問題の対応時の後味の悪さとはまた違うのです。

ちなみにこの老舗は、ホームページ上でお店の歴史の中に、この不祥事でお店を一時閉めたことが年表に記されています。

長い歴史の中に刻み、二度と起こさないよう教訓としているのでしょう。

老舗であればトラブル対応は収まりやすいのかといえば、そうではありません。

名前の知れ渡っている老舗は何か問題があったときに、大々的に全国に報道され大きな代償を払うことになります。

老舗だからといって生き残れる時代でもないのです。

問題が起きたときの対応と、その後の真摯な取り組みをお客様はよく見ています。

老舗のお客様は老舗のファンでもあるのです。

ファンの心理は、商品を売る、買うだけの関係ではなく、ダメなところがあったとしても、それも含めて応援しているのです。

次の代に受け継ぐためにも、何が何でも生き残るという強い思いとともに、お客様からの揺るぎない自社に対する信頼心を大切にしていくことが、老舗の〝しぶとさ〟を取り入れるコツです。

10「おもてなし」は単独プレイでは成り立たない

一時期、カリスマ美容師、カリスマ店員など、「カリスマ」がメディアを通じてもてはやされていたことがありました。個人の能力を高めることはとても重要であり、自分自身でたゆまぬ努力をし続けなければならないことは仕事をする上での大前提です。

しかし、インターネットで瞬時に評判が広まってしまう今日、一人で頑張っているだけでは評価は高まりません。組織全体でレベルを上げなければならないのです。

特に、「おもてなし」は決して一人では成り立ちません。組織全体として皆で取り組まなければ、外部からよい評価を得ることができません。働く者同士がギスギスしていたり、一緒に働く仲間を大切にする意識の薄い組織や会社がありますが、これは論外です。

たとえば、私は仕事柄、よくホテルに宿泊をします。ホテルによってチェックアウトの時間はさまざまですが、仕事に合わせてチェックアウトの時間を延長することがあります。

チェックアウトの時間の延長を希望することをチェックイン時、にフロントの担当者に伝えているにも関わらず、朝寝ているときに別のフロント担当者から電話がかかってきてチェックアウトの催促をされたり、客室清掃の方がドアを叩いたりと、こちらのお願いがまったく伝わっていないことがあります。ゆっくり過ごしたいという思いで追加のお金も支払っているのに、まったくひどい話です。

しかし、このような経験は実際にはよくあるのです。すばらしい施設で食事も美味しく、**個々のスタッフの対応が良くても、働く社員同士の連携がとれていなければ、すべてが台無しとなり、悪いクチコミとなって広がってしまうのです。**

ホテルでは、前のお客様の痕跡（ゴミや忘れ物の衣服）が部屋に残っていることがあります。客室清掃の方に話し、謝罪してもらいますが、チェックアウトする際にフロントからは何事もなかったように見送られます。もちろん一度謝っていただいているのですが、同じスタッフ同士であるのに我関せずな姿勢には何か釈然としないものが残ります。

また、あるときはチェックイン時に駐車場料金の説明がなかったため、チェックアウト時に自動精算でどのように駐車場料金を支払っていいのかわからなかったこともありました。フロントスタッフが駐車場の私たちの車を囲んで、犯人でも捕まえるかのように迫ってきました。夜、チェックインしたときの担当者が駐車場の支払い方法の確認をし忘れたのがそもそもの原因なのですが、翌日の担当者との連携が悪いことに加え、相手に非をなすりつけようとする様子は本当にひどい話です。このとき、フロントスタッフと私がもめている様子を、遠くから責任者らしき人が見ていたのですが、こちらに近づいて助ける様子もありませんでした。まさしく、無関心が招いた最悪のケースです。

仕事はそれぞれの役割を果たすことが義務なのですが、違う業務でも、お互いに関心を持ちながら連携してチームワークで「おもてなし」をしなければ、お客様に喜んでいただくことはできません。多額の投資をして施設をリニューアルする前に、まずいま一度、組織の連携体制を見直すべきではないでしょうか。

私はたくさんの会社を訪問していますが、入口で窓口の方だけが訪問者に挨拶をする会社もあれば、来客に気づいた方全員が挨拶をしてくださる会社もあります。どちらが嬉しいかと言えば、大勢の方に挨拶をしていただいた方が嬉しいに決まっています。

人は自分がどれだけ大切にされているかを相手から常に感じとっています。

大切にされるからこそ、「またあの場所に行きたい」「またあの人に会いたい」と思うのです。担当者だけしか歓迎されていない会社は、訪問しても居心地が悪く、逆に訪問したことが申し訳なかったのではないかと、こちらが恐縮して、罪悪感さえ持つほどです。

私とは笑顔でにこやかに応対しているのに、スタッフと話すときはひどく感じが悪かったり、レジで会計をしていると、別のスタッフが引き出しを足で蹴っている様子をお店で見かけたことがあります。スタッフ同士がうまくいっていない空気感が店内にも伝わり、やはり居心地が悪くなります。

お客様に「おもてなし」をするのはもちろんのこと、働く仲間同士、上司は部下に、部下は上司をもてなすつもりで仕事をされてはいかがでしょうか。働く者同士がお互いを尊重し、思いやりや親切心を持ち合うことこそが、外部の方をもてなすための基盤なのです。

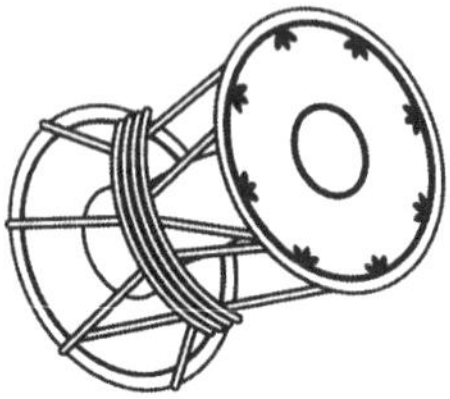

第2章

お客様も自分も笑顔になる魔法のロールプレイング

11 お客様が満足する状態とは

いまの日本人は「モノの満足」に加えて「心の満足」を強く求めるようになりました。

そして、現代の日本人はたいへん賢くなっています。求める基準が高いということです。オリンピックの東京招致プレゼンでも、日本のすばらしさである、地下鉄の時間の正確さをアピールしていました。これは「約束や時間は守る」という、日本人にとっては当たり前のことです。

また、清潔さやきれいさも世界に自慢できる日本の誇りです。国内においてこのようなことができていなければ、私たちは満足しませんし、クレームにも繋がります。**世界と比べ、すべてにおいて基準が高いのです。**

人は一度よい体験をすると、それよりも低いものは受け入れ難くなります。

たとえば、あるハンバーガーショップのドライブスルーで注文をすると、急かすように「ご注文どうぞ」と声をかけられます。メニューをよく見たいという欲求を我慢しながら、急いで注文をします。「モノ」の満足だけであれば、最終的に注文した「モノ」が間違いなく手元に届けば満足するのですが、それだけでは物足りないのです。

また、スプーンを一本、余分に頼んでも、「お渡しできません。決まりなので！」と、ハキハキ言われてしまいます。いくら決まりだとしても、やはりガッカリしてしまいます。

このハンバーガーショップは一時期、1分以内に商品提供するというキャンペーンを実施していましたが、ただ手元に早く「モノ」が届くだけでは日本人の心の満足は満たされないものなのです。

一方で、別のハンバーガーショップは、少し待つこともありますが、商品を持ってお店を出る際にスタッフが出口のドアを開けてくださり、「お待たせしました。ありがとうございました！」と、声をかけてくださります。ハンバーガーショップでここまでしてくださるのだと恐縮しつつも、感激する方は多いはずです。このように、マニュアル化された「サービス」を行っているだけでは、もはや不十分ということになるのです。

私は仕事柄、遠路、夜遅い時間にホテルにチェックインすることがあります。その際に疲れた顔をしていても、淡々と宿泊カードの記入を促したり、館内の説明しか言葉にしないフロントスタッフが多く、「お疲れ様でした、の一言ぐらいあったら嬉しいのになぁ」と、虚しさを感じることがあります。

自分の仕事をただこなしているだけでは、お客様の満足を得ることができないのです。

さまざまな業界・業種・職業の皆様から「おもてなし」セミナーのご依頼をいただきます。宿泊・観光・飲食・小売り・アミューズメントなどの、いわゆるサービス業だけではなく、医療・介護・福祉・工場・教育・研究所・運輸・自治体・政治家・宗教・僧侶に至るまで、ありとあらゆる業種で「おもてなし」が学ばれています。サービス業以外の方々が必死になって学んでいる現状があります。

ということは、サービス業界は「顧客満足」よりさらに上を目指す意識が必要です。テストも１００点満点中、80点でいいと思えば、60点位しかとれません。１００点、１２０点取ろうと思うからこそ、95点位とれるものです。１００点を取るのは大変なことなのです。常に上を目指さなければいけない状況だということです。

たとえば、誰もが知っているディズニーランドの清掃スタッフは、閉園後パーク内を目の届かないところに至るまで徹底的に掃除しており、「そこまでするのか」と、清潔好きの日本人さえも驚かせます。日中の清掃についても、園内をきれいに清掃することに加えて、お客様の前でクルクルと回るパフォーマンスをしながら掃除をしてお客様を楽しませ、驚かせます。

何度も訪れるリピーターにはその光景も当たり前になってしまうので、今度はパントマイムをしながら清掃をするという、エンターテインメント清掃へと進化しました。これは「お客様に喜んでいただくために」を具現化するために、「お客様は常に変化している」ということをしっかりと認識した上での行動なのです。

ホテルのビュッフェ（バイキング）は大変な人気です。配膳を少ない人数で対応できることもあり、どのホテルも力を入れています。ビュッフェの魅力は、数多くのメニューが自分の好きな分だけ思う存分食べられることです。しかし、お客様は慣れてしまうと、足が遠のき始めます。そこで、あるホテルではビュッフェメニューを以前より絞り込みました。ただその分、スタッフがひとテーブル毎に「今回特別にお刺身をご用意させていただきました。どうぞご賞味ください」とお声をかけて回ったのです。

きれいに盛り付けされ、言葉を添えて出していただいたお刺身は、自分で好きにとった時よりも何倍も美味しく、そして心から満足できるのです。

私がいた老舗企業では、店内でお茶を飲むことができる椅子を設置していました。少し硬い椅子でそのまま座ると少し痛いので、座布団を用意することになりました。その時、師匠は、最初から椅子に座布団を敷いておくのはやめよう、と言ったのです。正直その時は誰もが不思議に思いましたが、後でその理由がわかりました。お客様が椅子に腰かける時に、従業員が座布団をお客様に差し出すようにしたのです。従業員にとっては、はじめから置いてある方が楽なのですが、それは「顧客満足」であり、さらにその上を目指したのです。それは、私達が大切にして受け継いでいかなければならない「お客様との心の触れ合い」であって、お客様の心を満足させて感動させるしくみだったのです。

師匠は「最初から椅子に座布団を置いてしまったら、スタッフはお客様のご来店に鈍感になってしまう。そんなお店を作ったら、それは老舗ではない」と話していました。

効率ばかり追い求めていく現代。**段取り重視ではなく、相手を大切に思い、ひと手間かけることが、「心の満足」であって、感激・感動に繋がっていくのです。**

12 セミナーを受けると全員が笑顔になってしまう理由

私は全国各地で年間300回を超えるセミナーを開催しており、最近は400回近くになる年もあります。「わかりやすく、実行しやすい」「明るく笑顔になり、元気が出るセミナー」「気さくな人柄で、親しみやすい講師」「経験に裏付けられた確かな技法」「会場内は明るく、華やか」「受講者間に笑いの渦が広がる魔法のセミナー」など、おかげさまで全国各地にて高い評価をいただき、本当に光栄で、大変嬉しく思っています。

セミナーを受講してくださった皆さまが、セミナーを通じて前向きで、元気になってお帰りいただけるようなセミナー運営を会社として心がけています。

では、なぜそのようなことを心掛けたのかというと、こんなことがありました。

私は老舗企業で従業員教育の責任者になったとき、改めて自分のスキルアップを図るために、他所のマナーセミナーに参加したことがあります。

講師は、とてもきれいな女性で、元客室乗務員の方でした。２日間のカリキュラムは、お辞儀の仕方、歩き方、敬語、電話対応など、基本的なことでした。実習では、受講者は全員の前に出されて、身についていないこと（できていないこと）を厳しい目で指摘されます。もちろん学ぶ場所ですし、できていないことを指摘されるのは致し方ないのですが、結果として、全員の前で恥をかかされることになります。受講者の顔色はみるみる曇り出し、皆が下を向き始めました。すでに社会人経験を重ねた受講者ばかりなので、さすがにこのようなやり方はいかがなものかと思いました。実際、２日目を欠席した方が何人もいました。

私は「そもそもマナーセミナーとは、このような嫌な思いをするものなのだな」と、前向きに捉え、納得することにしました。

数年後、自分の会社を創業し、セミナー事業部を立ち上げた際、このときの記憶がよみがえりました。「自分の会社で行うセミナーでは、セミナーが終わったときに、受講者全員が前向きになって元気が出るようにしたい！」という方針を掲げて今日に至っています。

受講者の方は、自ら学びたくて参加される方もいれば、上司からの指示でしぶしぶ参加される方もいるなど、実にさまざまです。

特に、上司からの指示で参加されている方は、前向きではない気持ちを抱えていることがほとんどです。なので、「なぜ私がおもてなしのセミナーを受けなければならないのか」「恥をかかされるのではないか」「面倒くさい」など、ネガティブな気持ちが表情や態度に出てしまっています。

上司との関係がうまくいっていない方、職場の人間関係がギクシャクしていてストレスを抱えている方や、同僚との関係がこじれている方など、本当にさまざまです。だからこそ、セミナーでは、まず「ここは安心できる場所です」ということを確認していただくための雰囲気づくりからスタートしています。

受講者の方のよいところは何かを探し、よいところは言葉に出して皆さんに伝えます。不安を取り除き、安心して受講していただくためです。

私の師匠は常々**「使いものにならない人はいない」**と言っています。たとえば、返事をしない方がいるとします。子どもの頃から親や先生から耳にタコができるほど言われていることなので、本人もしなければいけないことはわかっています。人として当たり前のことで決して難しいことではありません。できないのは、素直さがないからでしょう。

会社や上司から何らかの理由で認められていない人は、不満を抱えて仕事をしています。不満が高まれば高まるほど、〝素直さ〟が失われてしまいます。また、成功体験や経験を積んでいるので、慢心も同様に〝素直さ〟を奪う要因になります。

だからこそ、いくつになっても素直さを持ち続けられることができることが、大変重要なのです。素直でなければ、助言や話を聞くこと、学ぶことができなくなります。謙虚さがなくなれば、人間的な成長も止まってしまい、人間関係を損なうことにもなってしまいます。

そもそも、江戸の風土が教える「師弟関係」とは、弟子が素直さを持ち続けることがあってこその関係です。

だからこそ、セミナーでは受講者の〝素直さ〟が出る工夫をしています。

それは思わず笑ってしまうような子どもの頃のように素直になれる実習であって、「お互いに〈おもてなし〉をする」つもりで、さまざまなロールプレイングをしていただきます。

セミナーに参加して「明日からします」「来週からします」ではだめです。「知っている」と「できる」では大きく違います。私のセミナーでは、すぐに実践していただき、行動できるようにします。まずは目の前にいる人、隣の席に座った人を、恥ずかしがらずに「おもてなし」することができれば、「おもてなし」をすることに対して大きな勇気を持つことができるのです。

また、私のセミナーでは、**「講師は受講者に〈おもてなし〉をする、受講者は講師に〈おもてなし〉をする、**セミナーに参加している全員で**互いに〈おもてなし〉をし合う」関係を作ることを目指しています。**ですからセミナーを受講する全員が笑顔になってしまうのです。

13 ほめる力を磨き「おもてなし」力に差をつける

私の「おもてなし」セミナーでは、たくさんのことをお伝えしていますが、受講者から「〈おもてなし〉で差をつけることって何ですか」と質問されることがあります。その際、お答えしているのが相手を「ほめる」ということです。

第1章で日本人の特性をお伝えしました。日本人は何事も遠慮しがちです。言い換えれば謙虚で控えめです。周囲と争いごとをしないように、お互いに気を遣いながら生活をしてきた日本人は、悪いことを大きな声で言いません。これはすばらしいことです。ただ、よいことも大きな声で言わないので、年代が上の男性は「ほめる」ことに対して抵抗感を持っています。

しかし、**人の心理には「他人から認められたい」という承認欲求があります。**だから、相手を「ほめる」ことから始めてみましょう。ほめられた人の表情は明るくなり、輝いてきます。まるでパワースポットにいるかのようにいきいきと元気になります。

最近はパワースポットを巡る観光が女性を中心に流行っていますが、私の師匠は**人がパワースポットになる**ということを常々話しています。一般的にパワースポットとは、滝や神社などを指すのですが、場所ではなく**〝人〟から元気やパワーをもらえれば、その人がパワースポット**なのです。江戸時代末期の仙台に生まれた実在の人物に仙臺《せんだい》四郎という方がいました。明治時代、四郎さんが訪れる店は繁盛するといわれ、商売繁盛の福の神として商人に大切にされたそうです。このように、実際に〝人〟がパワースポットとなっている事例があるのです。

師匠の周りはいつも華やかな笑顔であふれています。それは師匠がほめ上手だからです。**〝人〟を元気にさせ、パワーを与えている方は、ほめることが上手です。ほめることが上手な方は「おもてなし上手」なのです。**

私のセミナーの中でも受講者同士のロールプレイングでお互いにほめていただきます。皆さん最初は照れていますが、だんだんと心地よくなってきます。ほめるのが苦手な方は、「口がうまい」「おべんちゃらだ」「ゴマすり」「太鼓持ち」などと言われるのではないかと、不安になられる方もいらっしゃいます。

そもそも、ほめる行為とは、「相手とよい関係をつくりたい」という思いからするものなのですから、堂々とした態度でお互いにほめ合っていただいています。

では、どのようにほめるかと言いますと、次の3ステップのように行います。

★ステップ1　相手の雰囲気に関することをほめる

「ステキな方ですね」「○○がステキ」

※初めて会う場合、性格などはわかりませんので、見た目や雰囲気などをほめます。

★ステップ2　相手の行動に対することをほめる

「すばらしいですね」「すごいですね」「尊敬します」「憧れます」

※ある程度つきあっていると、性格や行動がわかりますので、具体的にほめます。

★ステップ3　自分の気持ちを伝えること

「お越しいただきとても嬉しいです」「お会いできてとても光栄です」

※感謝の言葉もほめることに入ります。ほめられて一番嬉しいことでもあります。

また、いつも早く出社して頑張っているスタッフの上司の方には、「その方へ『いつも早く来ているね』と事実を伝えてください」とアドバイスさせていただきます。これも相手を見ているからこそ言えることです。言われた本人も認められていると実感するから嬉しくて、またさらに頑張ることができるのです。

人がされて一番嫌なのは、「無視」されることとです。 お店で販売スタッフの方にしつこく商品の説明をされると、うっとうしさを感じることがありますが、もっと不快なことは、お客様をほったらかしにしてスタッフ同士がおしゃべりをしていることです。これはあるショッピングセンターのクレーム原因の第1位でした。店員に無視されて怒っているお客様がいかに多いかがわかります。

大切にしていることが相手に伝わらなければ、「おもてなし」になりません。大切に思っていることを〝言葉〟で伝えるためには、何より「ほめる」ことです。ほめるためには、まず相手に興味を持たなければなりません。相手に興味を持つことで、喜ぶことがわかるようになるからこそ、「おもてなし」上手になれるのです。

日本人はその特性から、ほめられても素直に聞き入れられずに、恥ずかしくて、照れ隠しで「そんなことないですよ」もしくは「口がうまいね〜」と言ってしまいます。だからこそ、ほめられたら、「そう言っていただいて嬉しいです」と素直に感謝の言葉を伝えましょう。その方が、相手の顔を潰さなくてすみますし、相手もそれを聞いて喜んでくださいます。

ほめることは、人に対してだけではありません。
たとえば、観光旅行に行った際に、ガイドの方がその場所をご案内してくれます。観光ですから、その場所の名所や美味しい食べ物をガイドしてくれるのですが、よいところばかり話していると、聞いているお客様には、その場所に興味がだんだんと薄れていく感覚が芽生えます。では、どうすればいいのでしょうか。

たとえば熊本県からお越しのお客様であれば、熊本県のよいところをほめ（認め）ましょう。富山県からであれば、富山県のよいところをほめる（認める）のです。なぜならば、**人は自分のことを認めてくれた人の話に耳を傾けるからです。**『人を動かす』で著名なＤ・カーネギーも「われわれは、自分に関心を寄せてくれる人々に関心を寄せる」と言っています。つまり、相手に関心を持ってほしいなら、自分から相手に関心を持ってほめるところを探してみてはどうでしょうか。

では、ほめることが得意ではない人はどうすればよいのでしょうか。**それには、まずほめる〝勇気〟が必要です。「おもてなし」の心構えとは、「自分から一歩相手に近づくこと」です。**だからこそ、〝勇気〟をもってほめる行為が、「おもてなし」の第一歩となることを肝に銘じなければなりません。

恥ずかしがらず、勇気をもって、まず周囲の人をほめることから始めてみましょう。

14 マニュアル通りに接客しているうちは新人と同じ

新人で何もわからない状況時にマニュアルがあると安心します。私のセミナーでは、コミュニケーションが苦手な人には、まず最低限の型を覚えることからスタートしていただきます。人づきあいに対する不安を和らげて、安心するためにも有効です。安心すれば、積極的にコミュニケーションをとることができるからです。まさしくマニュアルは、新人が安心できる手引書でもあります。

多くのお店で朝礼時に接客用語を皆で声を合わせて練習していますが、これは最低限の型であり、マニュアルです。ということは、マニュアル通りの接客であれば、新人でもできるということです。あなたが新人であれば、それでもいいのかもしれません。

しかし、何年も働いているにも関わらず、マニュアル通りの接客しかできないのならば、あなたの価値は高まりません。なぜならば、会社から見れば、あなたより新人の方が若くて、素直で、一生懸命で、さらにはお給料も安く済むかもしれないからです。どちらの方が会社にとって有益かといえば、新人の方なのです。

自分自身の存在価値を高めるためにも、マニュアル化された「サービス」を行っているだけではもはや不十分です。マニュアルを超えた「おもてなし」をしなければならないのです。

通常のサービスに「気くばり」をするとお客様は満足します。

「気くばり」とは1対大勢に対して行うことです。

日本の「おもてなし」の特徴は「とにかくきめ細やかな気くばり」と第1章でもお伝えしました。室内や化粧室の空調管理や掃除、花を飾ったりすることも「気くばり」です。たとえば室内の空気が埃っぽいことに気づいたら換気をすることは、お客様やスタッフなどの大勢の人のためになります。

「気くばり」に加えて「心くばり」も重要です。「心くばり」とは、一対一です。相手に感激・感動・狂喜していただくためには、相手に心の満足を与えることができる「心くばり」が必要です。人は相手から自分がどれだけ大切にされているかを常に感じているので、大切にしていることを表情・態度・言葉で相手に伝えなければなりません。

セミナーの受講生から「気くばり」と「心くばり」の違いを聞かれることがあります。**「気くばり」は一対大勢、「心くばり」は一対一ですることと、お答えしています。**「心くばり」を漢字で書くと「心配」です。相手に対して心配して行う行為が「心くばり」ということです。

京都に本店がある、お茶で有名な老舗「一保堂」でお茶を飲んだときのことです。お茶屋さんなので通常お水は出てこないのですが、たまたま体調が悪くなってしまい、持ち合わせの薬を飲もうと思ったものの、「お水をください」と言い出しにくく、お茶で薬を飲もうと思いました。すると、「お水をお持ちします」とお店の方が声をかけてくださり、すぐに水を持ってきてくれたのです。

このようにお茶で薬を飲もうとしていた私を心配して声をかけてくださった「心くばり」に感動してしまいました。


また、ある老舗旅館に予約をしていたときのことです。

渋滞のためチェックインが大幅に遅れることになってしまいました。すぐに旅館に連絡して、到着が遅くなることを伝えましたが、結局到着したのは連絡した時間よりもさらに遅い深夜でした。「きっと嫌な顔をされるだろう……」と思いながら旅館へ行くと、なんと、旅館の前でご年配の男性スタッフが心配そうに立っていたのです。どうやら遅くなった私たちを心配して待っていてくださったらしいのです。

そして、私たちを見ると嫌な顔ひとつ見せず、「場所がわからなかったのではないですか。申し訳ありません」と頭を下げて迎えてくださいました。これには感激してしまいました。時間が遅くなって申し訳ないと思っていた私たちにとって、本当に救われる思いをしたお迎えでした。

私たちの驚きはさらに続きます。その男性スタッフは、すぐに食事の用意をしてくださったのですが、部屋で食事をするとにおいが残り私たちが寝づらいのではないか、との心くばりから、夕食をとるためだけにわざわざ空いている別の部屋に食事を用意してくださったのです。

これはもう圧倒的な感動です。

心温まる感動的な「おもてなし」を受けた私たちは、翌朝「絶対にまたこの旅館に泊まりに来よう」と全員一致で旅館を後にしたことは言うまでもありません。

マニュアル（サービス）と「おもてなし」の決定的な違いとは、相手を見て言葉を発しているか、行動しているかという点です。たとえば、段差のあるところで「お足元、お気をつけくださいませ」とお声をかけていただくことがあります。この言葉は、段差で転んでは危ないと、心配して声をかけてくださっているのですが、最近はマニュアル用語にもなっていて、「いらっしゃいませ！　ありがとうございました！　またどうぞお越しくださいませ！　お足元お気をつけくださいませ！」と声を合わせて朝礼時などで練習しているそうです。

しかし、マニュアルになると、ただ声に出して言っているだけで、本当に足元が危なくて転んでしまっていけないと心配して声をかけているようには感じられなくなるのです。マニュアルで言わされていることはお客様にも伝わってしまいます。

「おもてなし」とは、お客様に心くばりをすることです。言い換えれば、お客様を心配した言動が「おもてなし」なのです。

15 「おもてなし」のロールプレイングには型がない

私は「おもてなし」セミナーの中で参加者の皆さんにいろいろなロールプレイングをしていただきますが、これには**型がありません。**なぜならば、**型通りでは「おもてなし」にならない**からです。だからこそ、毎回の受講者の雰囲気やレベルを見ながら、そのときどきの状況に合わせて変えています。

セミナーは１回だけの場合もあれば、数回にわたる連続講座のときもあります。セミナーの受講者同士で「おもてなし」をし合うロールプレイングをしますが、自分の言動で、相手が喜んでくれることが、成功体験になります。

一度でも成功体験をすると、人は自信が湧いて前向きになれます。何度も成功体験を繰り返す機会がある講座（複数回）では、受講者の姿が劇的に変わっていきます。相手の喜びが自分の喜びに繋がることを体験できれば変化が加速するのです。

ケース① Aさん（20代女性）の場合〈飲食店スタッフ〉

店長から「おもてなし」力を高めることを命じられて、講座（複数回）に参加したAさん。とてもかわいい女性なのですが大変な人見知りで、セミナーではは じめからずっと下を向いていました。背が高いことを気にしているようで、目立たないように猫背で歩いていました。

セミナーのペア実習では、お互いに自分の感情を話します。Aさんは、ペアを組んでいた方に、容姿や性格を含めて、自分自身が嫌いだと話しました。一方、ペアの方はAさんの話に真剣に耳を傾けて、自分が思うAさんのよいところをたくさん話して励ましました。複数回の講座なので、ペアの方はAさんに会う度に声をかけ、他の受講者も、セミナー前や休憩時に段々とAさんに話しかけるようになりました。

すると、回を重ねるごとにAさんは顔を上げて受講するようになったのです。さらにAさんの変化は続きます。今度は自分から他の受講者に声をかけるようになったのです。そして認定試験のときには、審査員や受講者の前で背筋を伸ばして堂々と笑顔で課題を披露するAさんの姿に、一同拍手喝采が鳴りやみませんでした。

その後、接客時はもちろんのこと、日頃から顔を上げて明るく話すようになったAさんは、お店のムードメーカーとなり、看板として頑張っています。もちろんプライベートも充実し素敵な彼氏ができたという報告もありました。自分の喜怒哀楽が周囲に受け入れられ、安心して自分を表現することができた結果、とても前向きに生まれ変わったのです。

ケース②　Bさん（40代女性）の場合〈専門学校の講師〉

講師歴20年にもなるBさんは、日々の仕事に強いマンネリ感を覚え、教えることにやりがいを見いだせなくなったことをきっかけに、自分自身の新しい可能性の発見とスキルアップのために受講しました。

最初にお会いしたときのBさんの印象は、周囲を警戒し、緊張感を身にまとい、話しかけにくいタイプでした。経験を積んで来られた方にはこれまで築き上げてきたものがあります。しかし、私の「おもてなし」セミナーでは、それらを一旦横に置いて、受講していただくことをお約束事にしています。

なぜなら、**「私はそう思わない」「そんなことはない」と頭で考えながら受講されては、何も学んでいただくことができないからです。**

そのため、セミナーは受講者の方に考える暇を与えることなく、どんどん進行します。Bさんは戸惑いながら受講をスタートしましたが、やがて、表情がどんどん明るくなり、後半はケラケラとよく笑うようになりました。後日いただいたBさんからのお手紙には、次のように書かれていました。

「セミナーを受講した帰り道、ものすごく体が軽くなりました。たぶん、張りつめていた緊張がセミナーを通じてほぐれたのかもしれません。職場で信頼できる人もおらず、いままで一人で頑張ってきましたが、私を応援してくださる先生方と知り合い、そして別の場所で同じく頑張っている仲間ができたことで、自分の励みになりました。今後もご指導のほど、どうぞよろしくお願いいたします」

Bさんは、その後も講師を務める一方で、地域の活性化にも積極的に取り組み、いまでは地域でリーダー的な存在となりました。一人で肩肘を張って頑張るだけではいけないということに気づいたからこそ、人生が好転していったのです。

ケース③　Cさん（30代男性）の場合〈バス運転手〉

会社の上司の命令で講座（複数回）を受講したCさん。「バスの運転手に〈おもてなし〉など必要ないのではないか」という疑問を抱きつつ、セミナーに参加しました。

Cさんが受講された回は女性の参加者が多く、またとても積極的な方ばかりで、Cさんを含めた男性受講者は気遅れしていました。

しかし、女性の受講者とのロールプレイングを通じて、圧倒的な力の差を自分で感じ取ったCさんは、「自分（男性）も負けていられない、自分が男性を引っ張っていく」と決意し、口調もはっきりし、身だしなみも凛々しくなっていきました。

セミナー修了後、とても感じのよい親切な運転手さんとして乗客の評判となったそうで、「会社で特別賞をいただきました」と嬉しそうに報告してくださいました。

ロールプレイングで他の受講者に刺激されて、劇的に変わった方のひとりです。

16
役割に徹する

受講者の方からよく寄せられる質問の中からここでひとつご紹介したいと思います。

【質問】

私は人見知りするタイプです。わりと好き嫌いがあるのですが、嫌いな人に「おもてなし」をするためにはどうすればいいのでしょうか。（Iさん：製造業勤務）

この場合、私は**「女優・俳優に徹する」こと**をおすすめしています。

俳優は、相手役がどんなに嫌いでも、生理的に苦手であっても、ドラマや映画の役となれば、恋人役でも、夫婦役でも、自分の好き嫌いに関係なく演じることができます。同じように、仕事場を舞台に見立てて、役に徹していただくのです。

仕事をしていると、誰しもストレスが溜まります。ストレスが溜まるとイライラして表情が怖くなってしまったり、口調がきつくなったりと、相手に不快感を与えてしまうことになります。もちろん、「おもてなし」どころではなくなってきます。

だからこそ、**「おもてなし」を行い続けるために、ストレスコントロールをしなければならないのです。** このストレスコントロールの手法に「役割演技法」というものがあります。

ひたすら「役割を果たすこと」に徹する！

役割と割り切れば、案外ストレスなしに行動できるのです。本来の目的を確認して、それだけを追求するという手法です。

また、30～40代で仕事の能力が高い女性から、「能力のない上司と合わない」「仕事ができないくせに上司面されることが許せない」「会社に行くのが憂鬱だ」などと、相談されることもあります。能力のある女性が伸び悩む原因なのかもしれませんが、この場合も前述の「役割演技法」が有効です。

男女雇用機会均等法により、男女の隔たりなく社会で活躍することができる世の中になりました。しかし、この世の中の社会・組織のシステムを作ったのが男性であることは紛れもない事実です。女性はまずこの事実をしっかりと受け入れて、男性が得意とする社会的コミュニケーションを理解しましょう。社会的コミュニケーションとは、上下関係や規則、建前を前提にしたつきあいなど、組織で秩序を守りながらコミュニケーションをとることです。

一方で、女性は個人的コミュニケーションを得意としています。たとえば、病院の待合室でお隣の方が知らない人でも、世間話をし始めます。学校のPTAでも年齢に関係なく、友だちのように親しく話をします。男性はそうはいきません。「今日は名刺がないから話すのは今度にしよう」などと思います。

人は社会的・個人的、両方のコミュニケーション能力を備えなければならないのですが、社会という枠組みの中では、女性は社会的コミュニケーションをしっかりと理解して、自分の役割に徹することをしなければなりません。

個人的な感情をさらけ出すことは組織にとっては非常に迷惑です。私も女性ですが、

「女性はすぐに嫌なことが顔に出る」「女性は感情的だから人の上に立つ管理職には向かない」などと言われないよう、女性の皆さんは社会的コミュニケーションをいま一度しっかりと身につける必要があるのではないでしょうか。

私自身、かつて失敗した苦い経験を持っています。だからこそ、「役割に徹する」ことだけを追求しているのです。

働いている会社やお店、業種のイメージを把握したうえで、「自分は会社の看板を背負っているスターなのだ」と思って仕事をすることで、会社のイメージからぶれることなく、そして個人的な感情に支配されずに、自分の役割に徹することができます。

仕事に行き詰まりを感じている方、仕事のストレスが溜まっている方、好き嫌いが激しい方、まずは「役割に徹する」ことだけを追求してみてはいかがでしょうか。自分の人生が軽やかに、とても生きやすくなることは間違いありません。

17 誰もが幸せになれる幸せのサイクル

「おもてなし」には次の3つの効果があります。

① 相手の考えを先読みして行動できるようになる

② 顧客対応、上司や部下とのコミュニケーションがうまくとれて、ビジネスが成功するだけでなく、家族や身近な人に至るまで幸せになるサイクルが生まれる

③ 自分のモチベーションを高く保てることで、キラキラと輝きのある人生を手に入れられる

ということは、「おもてなし」をすると幸せになれるということです。

「おもてなし」する側と「おもてなし」される側の双方が幸せになれる、誰もが幸せになれるからこそ、「おもてなし」はすばらしいのです。

誰もが幸せになれる最高のしくみとは、次のことです。

①「気くばり」をするとお客様は「満足」します

上質なサービスに慣れてしまった日本人（お客様）は、普通の満足のレベルではなかなか感謝の気持ちを感じられなくなってしまっているので、「気くばり」は最低限するべきこととなりました。

↓「気くばり」ができるようになり、「心くばり」にステップアップさせることがポイントです。

②お客様は「感動」すると、「心くばり」をしてくれた人に必ず「感謝」します

③お客様に「感謝」されると、それが自分の「喜び」となります

④ その「喜び」が原動力となって、さらに「心くばり」ができるようになります
→②へ

これこそがお客様と確固たる「信用・信頼」の絆づくりが行うことができる、最高のサイクルであり、とても幸せなことです。

たとえば、お店でお客様に接客をしているとき、お買い上げいただいたお客様に店員が「ありがとうございます」と感謝の言葉を伝えます。これが店員とお客様との一般的な関係ですが、反対にお客様の方からとても嬉しそうに「ありがとう！」と感謝の言葉を言っていただくことがあります。

私もアルバイトで接客を始めた頃、お客様から「ありがとう！」と感謝していただいたことがとても嬉しくて、仕事をする喜びを実感することができました。結果として、接客が大好きになり、仕事にやりがいが生まれ、周囲からも高く評価されるようになりました。

「おもてなし」の誰もが幸せになるサイクルを講演で説明するとき、私は必ず「伝説

のおもてなし」として、「三椀の才」で有名な石田三成の話をさせていただきます。
長浜城主であった羽柴秀吉（後の豊臣秀吉）が鷹狩の途中で領地内にある観音寺に立ち寄ったところ、その寺小姓であった三成は、汗だくの秀吉を見て飲み物を用意しました。

1杯目は、大きな湯飲みに白湯をたっぷり入れて差し出し、秀吉が2杯目を所望すると、三成は1杯目より少し熱いお湯を湯飲みに半分だけ入れて差し出しました。3杯目を求めると、今度は熱いお湯を小さな湯飲みに入れて持ってきました。

この機転と心くばりに感動した秀吉は三成を召し抱えることにしたそうです。

これは、三成が汗だくの秀吉を見て、熱いお湯を出してさらに暑い思いをさせてはいけないという心くばりから生まれた行動であり、「伝説のおもてなし」として後世に残っている逸話なのですが、実はこれこそが**「誰もが幸せになれる最高のサイクル」**なのです。

三成の心くばりに気づき、もてなしに感動した秀吉は、このとき喜びや感謝の言葉を三成にかけたはずです。そして、秀吉に喜んでもらい感謝された三成もまた嬉しくなり、もっと秀吉を喜ばせたいと思ったはずです。その思いが原動力となり、さらなる心くばりを重ねることで、三成は秀吉に能力を高く認められ、また可愛がられたのです。

このように、「おもてなし」する側と、「おもてなし」をされた側の双方が幸せになることがあるのです。だからこそ、**自分自身が幸せになるためにも、相手が喜ぶこと、感謝されることを、自分から先に相手に心くばりをするのです。**

おそらく、このことを日頃から実践されている方もいらっしゃると思います。しかし、**無意識にするのでなく、しくみをしっかり理解したうえで行うと、幸せを強く実感できるはずです。**お客様はもちろんのこと、自分の身近な人にもこのしくみを広めてみてはいかがでしょう。

身近な人にするのは、恥ずかしいから難しいのです。

だからこそ、難しい身近な人への心くばりができれば、外部の方（お客様）に対しては簡単にすることができます。心くばりを、お客様に対してだけでなく、身近な人に対してすることで、人間としても幸せとなれることを、これからも私は多くの方々に広くお伝えしていきたいと思います。

18 謝罪でわかる「おもてなし」の本当の力

現代社会はストレス社会とも言われるように、多くの人がストレスにさらされながら生活を送っています。少子高齢化、団塊世代の退職、成果主義の導入、国際競争の激化、人員削減による仕事量の増加、経済状況の悪化など、働く人々を取り巻く環境は近年大きく変化しています。つまり、社会全体にストレスが蔓延しているのです。このような状況においては、誰もが怒りの気持ちを内に秘めています。

たとえば、あなたがお客様の立場であるとき、何か不快なことが起きたとします。日本人は基本的におとなしいので、すぐにはクレームを言わずひとまず我慢していま す。そして「仏の顔も三度まで」という言葉通り、3〜4回不快なことが続いてはじめて言葉に出します。しかし、不満や怒り、そして強いストレスを抱えている状況だと、些細なことでもクレームになり、対応に苦慮されている方も多いのではないでし

「おもてなし」とは、喜びと楽しみで、
怒りと哀しみを包み込んでしまうこと。

ょうか。

私はセミナーなどで、「〈おもてなし〉とは、喜怒哀楽の気持ちの中で、相手の怒と哀の気持ちを受け止めて、喜と楽の気持ちに転換する手助けをすること（喜びと楽しみで、怒りと哀しみを包み込むこと）」と話しています。**クレーム対応では、まさしくこの〝怒り〟の気持ちを受け止める力が必要であり、「おもてなし」力が試されることになります。**

目の前で怒っているお客様がいれば、まず**しっかりと頭を下げて謝ることが大切です。**

企業の謝罪会見の様子をテレビで見る

と、首だけ下げている方が多くいらっしゃいますが、日本人はきちんと頭を下げなければ納得しません。自分の頭の後頭部が相手に見えるぐらい深々と下げるのです。

セミナーのロールプレイングでもこの謝り方は必ず実際にやっていただきます。一般的なマナーセミナーではお辞儀の仕方を伝えていますが、謝罪はきれいにかっこよくお辞儀をするのではなく、かっこ悪いくらいに一生懸命に深々と頭を長く下げなくてはいけません。

あるビジネスホテルに深夜チェックインした後、客室でシャワーを使用したとき、備え付けているはずのシャンプー類が置いてありませんでした。最近の宿泊施設は、女性用に特別にアメニティーセットを用意している場合もあるので、もしやと思いシャワーの途中で、部屋の中でアメニティーを探したのですがやはりありません。そこで、フロントに電話して、元々あるはずの備え付けのシャンプー類を持ってきてもらいました。部屋まで持ってきてくれたのはフロントの女性で、もちろん「大変申し訳ございませんでした」と頭を下げて謝罪してくれました。

しかし、謝罪されても不快な気持は治まらず、さらには惨めな気持ちになってしまいました。こちらは深夜のチェックインで相当疲れている状態であり、やっとお風呂に入り、くつろげるという楽しい気分を害されてしまったからです。なおかつ、フロントの方が部屋に届けに来るということで、急いで身だしなみを整えようとして慌てている私の目の前に、首にスカーフをきれいに巻いた女性が現れて、両手を胸の下あたりで重ね、背筋を伸ばして謝罪のお辞儀をしたのです。お辞儀の形としては綺麗なのですが、謝罪の気持ちはこちらにはまったく伝わってきませんでした。さらに驚いたことに、翌朝チェックアウトするときにフロントの方から改めてお詫びの言葉はありませんでした。

このフロントの女性は、深夜に到着したお客様には疲労というストレスが強くかかっており、また「怒り」を抱えていることを認識していない点がまず問題です。まずすべきなのは、きれいなお辞儀をすることではなく、相手が抱えている「怒り」を受け入れることなのです。「本当に申し訳ない」という表情を出して、深々と長々と頭を下げることを最低限しなければならなかったのです。

この場合、相手（私）が女性で、深夜にシャワーを使っている途中であるという状況をよくわかっているはずなのですから、対応としては、まず電話で謝罪の言葉を伝えた後、ドアをノックするのではなく、部屋の前にひとまずシャンプー類を置いて、顔を合わせないことを考えるのがベストです。デリカシーに欠ける振る舞いは本当に不愉快です。さらに、翌朝チェックアウトする際に丁重に謝罪するのが「おもてなし」力のある謝罪の仕方です。

日本人は遠慮や我慢をしがちです。何かトラブルが発生したとき、たとえ「気にしなくていいですよ」と言われても、そのまま受け入れるのではなく、「そういうわけには参りません」ともう一度謝罪しましょう。「気にしないでいいです」というのは、「気にしてください」と同じことなのです。

「おもてなし」は単独プレイでは成り立たないことを第1章でもお伝えました。この謝罪も同じことです。**当該者だけではなく、皆でお詫びの気持ちを伝えることで、相手の「怒り」が収まり納得していただけるのです。謝罪のときこそ、何より「おもてなし」の力が試されるのです。**

19 「おもてなし」をされたことに気づく

セミナーの受講者の方から、「どうしたら〈おもてなし〉力が高まりますか」という質問を受けることがあります。

その際は、**まず「おもてなし」をされたことに気づくことが大切です**とお伝えしています。仕事の時間だけ「おもてなし」のことを考えるのではなく、プライベートの時間でもいろいろなことに気づくことができるようにしましょうということです。言葉を換えれば、常にアンテナを張っておくということです。

たとえば、食事で飲食店に行ったとき、旅行に行って旅館に宿泊しているとき、観光地で観光をしているときなど、お客様の立場であるときに、自分自身の感情に気づいて意識的にメモをとることです。

感動したこと、感激したこと、嬉しかったことに敏感にならなければなりません。なぜなら、自分自身で感激も感動もできなければ、お客様を感激させたり、感動させることなど絶対に無理だからです。

もちろん、人それぞれ感性の違いがあるので、同じことをしていても感激や感動に個人差が出てきます。しかし、「おもてなし」力を高めたければ、まず自分が受けた「おもてなし」に気づき、感激、感動をすることです。そして、自分が気づき、感激、感動したことを、お客様にもして差し上げるのです。

セミナーでも「おもてなし」を行うための心構えとは、**「当たり前のことを当たり前にできること」**と伝えています。「当たり前のこと」を、当たり前に行い続けることは、実はとても大変です。自分自身の日常を振り返ってみるとよくわかると思います。

最近は人員や経費の削減ということで、お客様にお茶を出さない会社もたくさんあります。もちろん利益を上げるのが企業の使命ですから、それをとやかく言うつもりはありません。ただ、そのような状況の中でも丁寧にお茶を出していただけると、やはり嬉しいものです。この「嬉しい」という気持ちを覚えると同時に、お客様にお茶を出すという行為が昔は当たり前であったことにも気づくことができます。

また、掃除からも「当たり前のこと」に気づくことができます。私どものオフィスにお客様がいらっしゃったとき、「とてもきれいにしていらっしゃいますね」と言葉をかけていただくことがあります。お客様をお迎えする場所をきれいにするのは当たり前のことですが、スタッフ全員が同じ気持ちで「お客様に気持ちよく過ごしていただきたい」という思いで掃除をしています。もちろん、お客様がいらっしゃらないときでも、スタッフ同士が気持ちよく働くために、皆で共有スペースは汚さないように心がける意識が必要です。「〈おもてなし〉は裏ですることが重要」である所以です。**この事前準備こそが「おもてなし」の真髄であり、「おもてなし」が成功するか失敗するかが決まってしまうと言っても過言ではありません。**

講演やセミナーで、主催者が演台にお水を置いてくださります。のどが渇いたときのために用意してくださるのですが、これは「当たり前のこと」ではありません。「用意してあって当然」ではないと思えば、事前準備をしてくださったことに感謝する気持ちがいっそう大きくなるのです。

このように、自分自身が感激したことは、逆の立場になったときに、同じように準備をするようにしましょう。何でもそうですが、「あって当然」「やってもらって当たり前」と思っていると、自分が「おもてなし」されていることに気づかなくなっていきます。つまり鈍感になってしまうのです。

セミナー中のロールプレイングでもそうです。見知らぬ方とロールプレイングすることは恥ずかしく、面倒なことです。そのとき、自分から先に相手に笑顔で積極的に声をかけると、声をかけられた人は、声をかけてくださった方に好感を持ちます。そうなると、お互いにとても楽しそうにロールプレイングができることになります。これは先に声をかけた人が、相手に「おもてなし」をしているからなのです。

また、逆のことも言えます。あなたがお客様の立場のときに不快に感じたことは、絶対にお客様にしないということです。「おもてなし」の土台はまずは相手を不快にさせないことです。「おもてなし」をするためにも、**人を不快にさせてしまう言動に敏感になりましょう。**「人の振り見て我が振り直せ」と言いますが、誰しも**自分自身が人に対してしていることはわからなくても、人の不快な言動には敏感になります。**

ある研修で、ロールプレイングで不快だった体験を受講者にしていただいた際、次のような意見がありました。

日本にある世界遺産で、ボランティアガイドの方が、ずっと一方的にガイドをして、最後に「皆さんによく聞いていただいたので、今日は自宅で美味しいお酒が飲めます」と言っていたことが不快だったというのです。

この受講者もガイドの仕事をしている方であり、自分は絶対にこのようなことを話してはいけないということに気づいたということです。

自分が「おもてなし」をされたことに気づき、それをお客様にして差し上げること、自分が気づいた不快なことはお客様にしないことが「おもてなし力」を高めることに繋がるのです。

ちなみに、何も教わらなくても「おもてなし」を天性でできる方もこの世の中にはいらっしゃいます。私はこの天性型ではありません。

どちらかというと苦手だったからこそ、「おもてなし」を研究し、さまざまな気づきを得ることができました。

そもそも気づきが苦手な私がどのようなことをしてきたかを書き出してみますと、次のようになります。

○どうすれば気づく人になるのだろうと考える
○自分が生きていることに気づく
○自分は何のために働いているかを考える
○自分の身の周りを観察する
○心を落ち着かせて、状況や物事を注意深く、観察する習慣を身につける
○ひとつのテーマをもって、自分の周囲をじっくりと見つめてみる

そして、**気づいているのに認められないのは、〝素直さ〟がないということを認識する**ということです。

「気づき」とは、物事に関心を持ち、注意深く観察し、素直に認めることなのです。

20 ユーモア力で差をつける

セミナー後、多くの受講者から「楽しかったです」という感想をいただきます。それは講演やロールプレイングを通じて**「ユーモア」の大切さを伝えているから**だと思います。

「おもてなし」と「ユーモア」が結びつかない方もいらっしゃるかもしれません。しかし、相手から「あの人にまた会いたい」と思っていただくためには、**ユーモア力はなくてはならない要素なのです。**

海外の人から、「日本人はとても誠実でまじめですばらしいが、面白味がない」と言われます。特に男性が「ユーモア」に対して構えがあるように言われますが、これは日本人のこれまでの躾も関係しています。
「武士たるもの、感情を表に出すべからず」「男子たるもの、涙を見せるべからず」「男子たるもの、歯を見せて笑うべからず」など〝日本男子〟としての風習が代々継承されていることとも関係があるのではないでしょうか。多くの男性は、感情を抑え、ユーモアの大切さに気づけずにいたのです。

「ユーモア」と聞くと、ふざけているように思う方もいらっしゃいますが、語源を調べてみますと、「湿気」とか人間が生きていくために必要な血液やリンパ液などの「体液」を意味するラテン語「フモール」に由来することがわかります。まさしく、人間として絶対に必要なものです。

また、著名な精神科医で心理学者ヴィクトール・フランクルは「ユーモアは人間だけに与えられた、神的と言ってもいいほどの崇高な能力である」という言葉を残しています。

ちなみに、ビジネスにおいての「ユーモア」とは、状況に応じて気の利いたひと言が言えるサービス精神のことであり、自分が主体でなく、相手を楽しませ、喜ばせることを考える「相手（お客様）本位」の行動です。

だからこそ、「おもてなし」のスキルとしても重要なのです。これは別にお客様に一発芸をしなければいけないということではなく、緊張感を与えないように心くばりをするということです。

「ユーモア」力を発揮する大前提として、日頃の仕事ぶりが誠実であることは言うまでもありません。不真面目でいい加減な仕事をしていると、「ユーモア」力を発揮しても「ふざけている奴だ」と評価されてしまいます。基本は「当たり前のことが当たり前にできる」人でなければだめなのです。

では、「ユーモア」力を発揮することができない方は、どうすれば発揮することができるのでしょうか。それは、まず自分から〝楽しそうに話す〟ことから始めることです。

宿泊施設やレストランの中には、高級感が漂い従業員もスーツ姿で上質さを魅力としているところもあります。もちろんこの緊張感が心地よく、上質感を味わいたいときなどはよいのですが、従業員がただ気取っているだけで、仕事をまったく楽しそうにしていないところもあります。そのようなところには、もう2度と行きたいとは思いません。もちろん楽しそうにしていない人には、また会いたいとは絶対に思いません。

世界中の観光客が押し寄せる温暖な気候のリゾート地は、その地に住む人々も開放的な気質といわれます。仕事はもちろん人生そのものを楽しんでいるように見える人々が多く、とにかく、おおらかでとびきりの明るさが魅力です。「その場所に行くだけで癒される、くつろげる」という緊張感を与えない姿は人々を虜にします。何度も足を運びたくなる秘訣は、この「あえて何もしない〈おもてなし〉」にあるのです。

もちろんまったく何もしないという意味ではありません。必要なときはすぐに駆けつけてくださいますが、それ以外はどうぞご自由にお過ごしくださいという姿勢です。温暖な気候から生まれる、純粋な笑顔で楽しそうに仕事をしている姿は、ストレスを抱えている人々にとって最高の癒しであり、心地よさなのです。

ユーモアは、場の雰囲気がリラックスして笑顔が生まれ、明るく華やかになるという効果があります。また、話が弾み、コミュニケーションが円滑になり、情報交換がスムーズになるという効果もあります。

「ユーモア」が苦手な私たち日本人は、まずは会話に流行りのギャグやダジャレを取り入れることからスタートしてみるとよいと思います。そのためには、流行にも敏感であり、語彙《ごい》を増やす努力も必要です。

また、自分の失敗談を〝笑える話〟として話してみると、自分自身のストレスコントロールにも繋がりますので、ぜひお試しください。

第3章

老舗に受け継がれる「心の教育」

21 心の在り方が「おもてなし」を上達させる理由

世間で「最高学府」とされている大学を卒業するほどの学力のある人でも、教育の基本である「常識を知らなかったり、躾がなっていない」と言われることが増えてきています。このような中で、企業研修は「躾の最後の砦」として位置づけられるようになり、人間性を高める教育を研修化する企業が急増しています。

私が老舗企業で教育担当者であったときの使命は、**「お客様に対する従業員の〈おもてなし〉度を高める。そのために従業員の人間性を高める心の教育を行う」**というものでした。

そもそも「躾」とは何でしょうか。身が美しいと書いて「躾」。これも日本独自の言葉で、外国語に訳せないと言われています。私は師匠から、子育てをするときの躾の心得として、「3歳までに〈ありがとう〉と〈ごめんなさい〉が言えるようにする、6歳までに〈どうぞ〉という行動ができるようにする。これができないと、大人になって人間性を疑われてしまい、苦労する」と教えていただいたことがあります。

「どうぞ」とは、譲ったり分け与えるときに使う言葉です。まさしく深い思いやりからくる言動です。相手に譲ることができない、自分のことだけを考えている〝自分本位〟な人間が、社会人になって、急に〝相手本位〟（お客様本位）になろうとしても、できるわけがありません。思いやりの心は小さいころから育まれていきます。それが身についておらず、自分本位で自分のことだけしか考えてこなかったから、社会人になってから思いやりの行動である「おもてなし」を身につけようと思っても、とても苦労してしまうのです。

江戸時代の商家では、丁稚奉公人たちは小さい頃から同じ家に住み込みで働いていました。このような環境のもと、家族と同じような信頼関係で結ばれ、人として大切なことを働きながら身につけて、心の在り方を学んでいたのです。

たとえば、和菓子の老舗「虎屋」には店主と丁稚奉公の絆を強める「定書《さだめがき》」があり、虎屋17代黒川光博氏の著書『和菓子と歩んだ五百年』の中で紹介されています。

一．毎朝六ツ時（午前6時頃）には店の掃除をすること

一．倹約を第一に心がけ、よい提案があれば各自文章にして提案すること

一．菓子の製造にあたっては常に清潔を心がけ、口や手などをたびたび洗うこと

一．どのような方でもお客様を訪ねたら長話はせず、丁寧にお答えして速やかに帰店すること。また外出中に自分の用事で他所へ寄ってはいけない

一．御用のお客様でも、町方のお客様でも丁寧に接すること。道でお会いした場合は丁寧に挨拶すること

一．お客様が世間の噂話をしても、こちらからはしない。また子どもや女中のお使いであっても、丁寧に対応して冗談は言わぬこと

一．仕事はそれぞれが得意なことを励み、上の者が徐々に下へ教えること

一．上の者でも手落ちがあった場合は遠慮なく注意しあって常に「水魚の交わり」を

心がけること

一．仲間と組んで悪いことをした者のいる場合は届け出ること。もしその仲間であっても抜けた場合は許して褒美も出すこと

一．手代や子ども（丁稚）に至るまで、常に書道や算術の勉強を怠ってはいけない。そうしなければ、支配人や番頭に昇進することはできないし、将来独立して他の商売についても困る。奉公中に精進すること

一．親しい方が見えても七ツ時（午後４時頃）までは酒肴《しゅこう》を出してはいけない。ただし遠来の珍客は別である

一．男女はむやみに話してはいけない

一．子どもの休憩は支配人の指示により決める

一．奉公人には毎月２回酒肴を出す

現代の私たちにも通じることが代々伝わっているということは本当にすばらしいと思います。同時に、働きながら毎日の生活の中で人間的な成長を遂げていることがよくわかります。

最近の接客は、数時間の研修で接客の実務的な小手先のスキルを身につけさせる傾向がありますが、それだけでは人間性を高めることはできません。

言わなくてもわかる能力が日本人は高いと第1章でも書きました。**だからこそ言わなくても、考えていることが伝わってしまうのです。**よいことを考えていればよいことが伝わりますが、悪いことを考えていたら悪いことが伝わるのです。**ですから、相手の悪い点を言うことはもちろん、考えることもだめなのです。**

「目は口ほどに物を言う」ということわざがありますが、これは科学的にも証明されています。脳科学者によると、目は表面化された脳の一部だそうです。考えていることが目に出てしまうのですから怖い話です。悪いことを考えるだけでも伝わってしまうのですから、私たちは常に、心を育まなければならないのです。

心の在り方とは考え方次第です。つまり、考え方を変えなければ行動は変わっていかず、言い換えれば考え方次第でどのようにもなっていけるということです。

22 指導よりも自分の行動で見せる

部下であれば先輩や上司から指導を受けることがあります。指摘や指導は、自分の成長に繋がりますから、謙虚に受け止め、改善していく努力を絶対にしなければなりません。また、自分自身が上司の立場になれば、今度は部下を指導しなければなりません。

第1章でも紹介しましたが、「老舗」という言葉の由来は「真似てする」であり、**何を一番真似たかというと、〝人〟です。**人間性が高く、人としても魅力のある番頭を〝師匠〟として目標にしたのです。自分がよいと思う人を徹底して真似ることで、人格も含め商人として磨かれていったのです。

ということは、まず自分自身が見本となるべき人物にならなければなりません。

上司からお客様に「おもてなしをしなさい！」と言われても、部下は何をどうすればいいのかすらわからない場合もあります。だからこそ上司は自分の日頃の行動で、部下に示さなければならないのです。

たとえば、お客様を車で送迎しなければならなかったとき、私は、自分が師匠と同じ行動をいつの間にかしていたことに気づいたことがあります。

お客様を乗せて師匠が車の運転をする時、お手洗い休憩でサービスエリアに立ち寄ることがあります。そのとき、師匠は必ず周囲の安全を確認してからお客様ができるだけ歩かないで済む場所に車を一時停車してお客様を先に降ろし、その後駐車ゾーンに車を停めます。雨の日に後方のシートにお二人で座られているお客様を降ろすときには、右側の扉から降りた方が濡れて降りづらい場合、先に左側席のお客様を降ろして、わざわざUターンをして車の向きを変えてからもう一人のお客様を降ろすのです。もちろん日頃から、空調、ひざ掛け、スリッパ、音楽といった車内を快適にするための事前準備も抜かりありません。

これらのことをお客様に限らず、私たち会社の仲間に対しても常にしてくださるから、師匠はすごいのです。新しいメンバーが会社の仲間に加わる時は、自ら先頭に立って重たい机を運び、足りない事務用具はないか心くばりをします。新しいメンバーに対する期待を込めた「おもてなし」の行動であり、また、そのメンバーが配属初日に不安にならないようにする思いやりです。

このような師匠の姿は、大学では学ぶことができないものであり、高い人間性を学ぶ上で最高のお手本でした。

師匠のことを身近で見ていた人たちは、**「相手を迎える際には心を込めた事前準備がいかに大切なことであるか」**について、教わらなくてもわかるのです。

もちろん師匠とまったく同じようにスムーズにできるようになるまでには、何度も繰り返さなければなりません。しかし、行動の指針は常に師匠のイメージとして鮮明に残っているため、気づけば同じようなことができるのです。

また、「実るほど頭を垂れる稲穂かな」ということわざと同じ格言が世界中にあります。成功しても、偉くなっても、相手に敬意を払って接すること。謙虚さを持つことです。師匠は年上の人に対してはもちろん、相手がどんなに年下でも敬意をもって気さくに接しました。必ずその人のよいところを見つけ、可能性を引き出すのです。そのような行動を近くで見ていると、年長者としての振る舞い方やリーダーとはどうあるべきか、若い頃にはよく理解できなかったことが、自分の年を重ねるごとに、よくわかるようになりました。

上司の立場であるならば、自分の日頃の行動が常に見られていることを自覚することが肝要です。尊敬され、憧れられ、目標とされるような人間になれるように自己を磨き上げることを日々行い続けることが大切なのです。

23 誰かのために頑張ることが仲間の感動を引き起こす

「おもてなし」とは、〝自分本位〟ではなく〝相手本位〟の行為です。

自分本位は、自己中心的で自分勝手、自分のことしか興味がないことです。以前の日本では年功序列の賃金制度であったため、仕事を進める上で、周囲への協力や、部下への指導も安心して行うことができました。

しかし、昨今の企業の人事評価のしくみは、多くが個人能力評価制度を導入しているため、どうしても自分だけのことしか考えることができなくなってしまう傾向にあります。このようなことを危惧して、評価のしくみを変えていく企業も最近は増えてきています。

〝頑張る〟という言葉があります。自分のために〝頑張る〟ことは当たり前かもしれません。ただし、自分のために頑張ることは自分本位にもなりますので、自分以外の人のために〝頑張る〟という価値観を持つことが、いま求められているのです。

最近の企業のスローガンを見ると、「感動を目指す」「感動企業集団」など、感動という言葉をよく目にします。では人はどんなときに感動をするのでしょうか。

私の師匠は特命を与えられてグループ企業の子会社に出向したことがありました。その子会社は、師匠が配属されると同時にプロモーション戦略の一環として、モータースポーツのスポンサーをすることになりました。世界的に有名な外国車メーカーのスポンサーとして、年間10試合を全国10か所のサーキット場で行う際のプロモーションと、全国各地のディーラーに対する自社商品のセールスが師匠の任務でした。

師匠はカーナビもない時代に全国各地を車で一人走り回り訪問していましたが、当時、私がいた本社では、子会社がモータースポーツのスポンサーになり、師匠がレース場を回って遊んでいるという心なき噂が流れていました。

そのような中、この子会社が本社に「レース場に来て一緒にスポンサーである外国車の応援をしてほしい」との要望を出しても、誰も見向きもしませんでした。しかし、師匠はそのような状況にも関わらず、一人黙々と自分に与えられた任務に励み、レース場でプロモーションを重ねていきました。プロモーションでは、商品のサンプルを配るのですが、そのサンプル品も工場で作られたものはなく、師匠が出張先から戻るわずかな時間を使って自らの手作業でサンプルを作っていたものでした。

では、師匠はなぜこんなにも頑張ったのでしょうか。実は、この子会社の経営者は、本体（親会社）の社長の子息であり後継者でした。師匠は、本体の経営陣に入る前に子会社で実績を作りたいというこの後継者の強い想いを知っていたのです。師匠はこの後継者のために自分が陰口を言われていることを耳にしても一切の愚痴を言わずに黙々と頑張ったのです。

この頑張っている師匠の様子を、本体の女性社員はしっかりと見ていました。手作業でサンプル品を作ることを手伝う仲間が一人、また一人と増えていったのです。

そして、スポンサーをしていた最後のレースで奇跡が起きました。老舗本体で働く本社メンバー、サンプル品を作るのを手伝った商品管理部のメンバーのほとんど全員がレースを応援に行ったのです。

もちろん私もそのレースを応援に行きました。応援に行ったメンバーも、そして師匠と本体の後継者となる子会社の社長も、全員で感動を共有しました。


さらに、ここで師匠は、ものすごいことをしてくださりました。スポンサーであった子会社に与えられたＶＩＰパスは師匠を含めてわずか４枚でした。師匠は「今日皆さんがわざわざ来てくれたことを喜ばれている社長からの贈り物ですよ」とサラリと言って、応援にきたメンバー全員を交代でＶＩＰ観戦ルームに案内し、有名な選手と一緒に写真を撮ってくれました。パスは４枚しかないので、師匠は自らハンドルを握り、かなり離れているスタンド観戦席とＶＩＰ観戦席を何十回も往復して、汗だくになって私たちを「おもてなし」してくれたのです。

これには、メンバー全員が感動を超えて狂喜したことをいまでも鮮明に覚えています。一方、陰口をたたいていた人はものすごく罰が悪そうでした。自分に対して行ってくれたことはもちろんですが、**応援してくれた全員に平等にしてくれた姿に一緒に働く仲間はものすごく感動したのです。**

〝自分本位〟ではなく、誰かのために一生懸命に頑張ることが人の感動を引き起こし、生涯忘れられないすばらしい思い出を作ることになる。それを身をもって学ぶことができました。

「おもてなし」は「思い出づくりのお手伝い」とも言います。職場でたくさんのすばらしい思い出を作るためにも、誰かのために頑張ってみてはいかがでしょうか。

きっとそれは「伝説のおもてなし」となるはずです。

24 失敗こそが成功のチャンス

「失敗は成功のもと」という言葉があるとおり、仕事をしていれば必ず失敗することがあります。経験のないことをすればするほど、失敗のリスクは当然高まります。しかし、失敗を怖がって自分ができることしかしなければ、成長はありません。

私は師匠から、**「上司が新しい業務を部下に頼むときは、上司が責任を負える範囲内でのことしか、頼まない」**と言われたことがあります。確かにそうなのです。できなかったとしても頼んだ上司がフォローできる範囲内なのです。ということは、**失敗をさせることで成長のチャンスを与えている**のです。

私も老舗企業にいた時代から今日に至るまで、初めての業務をたくさん経験してきました。初めての業務は慎重になりますし、失敗したくない気持ちもあり、一生懸命取り組みます。だからこそ、その業務ができるようになると、自分の〝自信〟にも繋がります。もちろん、この自信や誇りがとても重要なことは言うまでもありません。

しかし、この〝自信〟が大きな障害、落とし穴にもなりうるのです。自信は過信となって、独りよがりになったり、他人の意見を受け入れたりすることができなくなってくる原因にもなるのです。

つまり、自信がついた仕事について、他人からあれこれ言われたくないということです。私も正直に言えば、そのような時期がありました。

「井の中の蛙大海を知らず」という言葉があります。

自分の成功体験だけの自己満足は慢心でしかありません。そして、この慢心が失敗に繋がるのです。だからこそ、慢心で失敗したときは、いまの自分の仕事の仕方を振り返り、心の在り方をいま一度見つめ直すきっかけとなるのです。

私も自分自身が失敗したとき、慢心になっていないか、自分本位になっていないか、振り返ります。

実は大きな失敗をするときは、突然大きな失敗をするのではなく、その前に小さな失敗という前兆があるのです。その小さな失敗を、大きな失敗の予兆だと気づかないと防ぐことができないのです。

たとえば、自分の発言によって目の前の相手が傷ついていないかどうか気をくばること。慢心な状態であれば、周囲の目など気にしなくなります。人に対して、繊細さがなくなってくるのです。繊細さがなければ、相手の感情を知ることもできなくなり、周囲との信頼関係を構築することもできなくなります。もちろん傲慢さも出てきます。

だからこそ、素直に周囲の人たちの意見に耳を傾ける〝素直さ〟を呼び戻さなければなりません。

以前勤めていた老舗企業で私が採用を担当していたとき、どのような人を採用していたかといえば、やはり〝素直〟な人でした。そしていまでも実感することは、〝素直さ〟が人の成長を左右するということです。

経験を通じて芽生えてしまった、慢心や自分本位の姿勢を、失敗を通じて気づくことで〝素直さ〟を取り戻せば、必ず次のステージに上がれることを、実感できるのではないでしょうか。

初めての経験で一生懸命取り組んだ失敗は、自分の財産となります。

そして、慢心で起きた失敗は、次のステージへのチャンスに繋がります。

だからこそ、自分のできることしかしない、何もしないことが一番の失敗になることを、肝に銘じておきましょう。私がいま、本を執筆させていただくチャンスを得られたのは、失敗を重ねてきた結果でもあるといえるのです。

25 得意なことよりも苦手なことに挑戦する

私は接客が大好きでした。初めて接客のアルバイトをした15歳のときから接客の虜になり、自分でも得意なことだと認識し、入社試験の面接でも、接客が好きで得意だと面接官にはっきりと伝えていたことをいまでも覚えています。

お客様と接することで喜んでいただくことが嬉しく、その上店舗の売り上げに反映できることが、自分自身の仕事のやりがいにも繋がっていました。

老舗企業に勤めていた当時、最年少で店長になった経緯もあり、接客は自分の得意なことだと自覚していました。

しかし、あるとき、接客とは真逆の本社管理部門の総務部、いわゆる裏方の仕事に異動になったことがありました。机を前に椅子にずっと座り、伝票作業を行い、従業員の制服や筆記用具などの備品を揃えたり、社会保険の書類を作成したりする毎日です。

いままで自分が得意だと思っていたこととは真逆の苦手分野の仕事を担当することになったのですから、大きな衝撃を受けました。異動先の部署では新参者でしたので、時には自分よりも年下の後輩に頭を下げて仕事を教えてもらわなければならず、屈辱的な気持ちにさえなりました。ただ、そのときには総合職として監督職にも就いていたので、異動になったからには、苦手でも仕事をやり遂げようと、気持ちをポジティブに切り替えて、試行錯誤しながらも一つひとつ取り組んでいきました。

おそらく、いままでこんなにも真剣に人の話に耳を傾け、必死になって仕事を覚えたことはありませんでした。すると今度は、それまで日々お客様と接していた現場の最前線にいたときとはまったく異なる光景が見えてきたのです。

それまでの仕事は、自分が好きで得意ということもあり、深いことはあまり考えず自然に仕事をしていましたが、苦手な仕事をすることで、よく考えるようになり、仕事の仕方が慎重で丁寧になったのです。また、苦手なことに取り組んでいるので、何より謙虚な姿勢になったことは言うまでもありません。

そしていまになって思うのは、苦手なことは自分自身が一つひとつ覚えて身につけていくので、**その努力の過程を人に伝えること、教えることができる**ということでした。

そのときに身につけたことは、**とにかくメモをとる習慣**です。年下から教わるので、年上としては何度も同じ質問をしたくないというプライドもあり、聞いたことをその場でメモ帳にキーワードだけ書きとめました。そして、家に帰り、聞いた内容を改めて自分のノートにまとめ、自分が受け持った仕事のマニュアルを作りました。

そして、総務の業務全般において、そのマニュアルをもとに作業を行いました。もし得意なことだけをしていたら、ここまで慎重に、そして丁寧にしなかったはずです。このマニュアルは、その後、他の担当者に仕事を引き継ぐ時にも重宝しました。

人にはそれぞれ、得意なこと、苦手なことがあります。

苦手なことをあえてすることで謙虚さが身につき、地道な努力をして覚えていったことを人にノウハウとして伝えることができるのです。苦手なことを通じて多くのことを学ばせてもらうことができました。

このメモをとる習慣はいまの自分の財産となっていますし、企業や商工団体からの依頼で「メモのとり方、とらせ方」というテーマでセミナーを行わせていただくことにも繋がっています。

メモをとることは実際にお客様を「おもてなし」する際にもとても重要です。自分がこんなにも大切にされていると相手に感激・感動していただくためには、**相手のことを忘れないためにメモしておかなければならない**からです。

こうして私は裏方の仕事を経験したことで、改めて「おもてなし」の意味に気づくことができました。

お店という表舞台の職場でお客様を喜ばせることだけでなく、お店で働く従業員が気持ちよく働けるように裏方が環境を整えたり、健康で将来も安心して働いてもらえるように制度を整えるなど、表からでは見えない裏の仕事の重要さに気づきました。

表にいる人は、裏で支援している人たちがいるからこそ、自分の仕事ができていることに感謝することが大事です。

また、私が以前勤めていた老舗では、繁忙期シーズンには裏方もお店へ販売応援に行きました。これは裏方の仕事をしている人に表の仕事の大切さを学んでもらう機会でもあります。「おもてなし」とは**「表も裏もなし」**とも言われます。そもそも仕事に表舞台も裏方もありません。**双方でお互いに認め合う機会を作ることでお客様本位の組織が作られるのです。**

機会を作るのはあなた次第です。ぜひ、勇気を持って苦手なことに挑戦し、自分自身の新しい可能性を見出してください。

26 好意の受け取り上手になる

ここまで「おもてなし」について多くのことを書いてきましたが、「おもてなし」とは相手があってこそのものです。相手に喜んでいただくためにする行為なのですが、一方で自分が「おもてなし」をしてもらったときには、思いっきり喜ぶこともまた「おもてなし」です。つまり、「〈おもてなし〉をするだけでなく、されるのも上手」にならなければならないのです。

老舗は歴史をとても大切にしています。なぜなら、先人の知恵を学び、いまに繋げているからです。

「おもてなし」の研究をしていると、豊臣秀吉のもてなしに繋がります。秀吉は昔からよく気がつき、相手を喜ばせることができたから認められて出世し、最終的には天下統一を成し遂げました。

秀吉は立場が上になるにつれ、今度は自分がもてなされることになります。

秀吉は天下統一を果たした後、京都の東山に松茸がたくさん生えていることを聞き、「松茸狩りをして遊ぼう」と言い出しました。家臣たちが下見に行くと、すでに京の人がほとんど採ってしまい、ほんのわずかしか残っていません。

そこで、家臣たちはあちこちから松茸を取り寄せ、こっそりと山に植えることにしました。夜を徹して作業を続けたことで何とか間に合わせたのです。次の日、山に出かけた秀吉は子どものようにはしゃぎ、松茸狩りを楽しみました。

すると、側にいた女性が、秀吉の袖を引っ張り、「これは自然に生えたものではございません。殿下にはそれがおわかりになりませんか」とささやいたのです。それを聞いた秀吉は、「こらっ、言うな！　我らを喜ばせようとして、皆がやったことだ。これだけ植えるには、相当の苦労があったはず。その気持ちをありがたく受け取ってやらねばならぬ」と笑ったそうです。

秀吉は自身がもてなし上手だったことはもちろん、同時にもてなされ上手でもあり、もてなされたことによく気づき、喜びを周囲に表現したからこそ味方を増やして天下統一を成し遂げ、そして現在もなお多くの人を魅了し続けているのではないでしょうか。

人の上に立つべき器の大きな人物とは、「おもてなし」をされたことに気づくことは言うまでもなく、何よりも「大げさなぐらい喜ぶこともまた〈おもてなし〉」ということを世に示しています。

人を育てる際にほめて育てることは手法のひとつですが、人をやる気にさせることで自分が「おもてなし」をしてもらえるのですから、こんなにいいことはありません。日本人は表現が控えめですので、心の中で嬉しいと思っていても、相手に伝わりづらいのです。

自分が「おもてなし」をしていただいたときには、恥ずかしがらずに喜びの気持ちを表現してみましょう。

また、ほめてもらったときに、「いや〜。そんなことないですよ」と謙遜するのが、日本人の特色です。ほめる行為を日本人はとても苦手としていますので、ほめる方も勇気が必要です。だからこそ、その人の顔を潰さないという意味も込めて、「そのように言っていただいて嬉しいです」と返すように心がけましょう。

相手からしていただく好意は素直に受け取り、そして思いっきり喜びを表現し、気持ちよく相手にお返しすることが、「おもてなし」され上手の行動です。

人には必ず、何かの役に立ちたい、他人に喜んでもらいたいという気持ちがありますので、「おもてなし」され上手は、相手にまた会いたいと思ってもらえるようになるのではないでしょうか。

27 感謝の気持ちを持ち続ける

感謝の言葉は「ありがとう」です。漢字で書くと「有難う」と書きます。これは、有ることが難しいという意味です。この言葉の意味を知ることはとても重要です。滅多にないことに対して誠心誠意、感謝をしているのです。

そもそも、感謝とは人にしろと言われてするものではありません。周りの人が自分にしてくれていることに気づけなければ、感謝の気持ちが起こるはずもありません。感謝の気持ちを持ち続けることができる人は、実は気づく力が高い人ともいえます。

周りの変化に気づきやすいだけでなく、自分の成長が周りの人の助けによって促されていることに感謝できる心を持ち、その気持ちを持ち続けることがさらにその人に気づきを与えていくという、プラスの二乗、三乗の効果が出てくるのが感謝の気持ちなのです。

しかし、いつも他人に感謝できる心の状態でいる人はそういないと思います。現状に不満を抱えストレスをためていては自分のことにしか目がいかなくなり、気づきが少なくなるものです。

素直になれない、周囲に尊敬できる人がいない、親との関係が悪い、このような背景がある場合、気づく力が弱くなり感謝の気持ちが持てないことがあります。「おもてなし」がうまくできる人間になるためには、自分の心に余裕がなければできません。そのためにできるだけ自分の心を整えておこうと思うだけでも、気づきや感謝の数が増えてくるでしょう。

以前、私は死に直面する大きな病気をしたことがあります。いまこうして復帰して生きていることへの感謝、心配してくださった自分の周囲の人々へ御礼の気持ちを素直に持てたので、いまの自分がいるのだと思います。

素直な心で想像してみてください。お客様は数多くの同業他社・競合店の中からあなたのお店を選んでお越しくださっているのです。これほど有り難いことはありません。お客様に自分のお店の商品を選んでいただき、お買い上げをしていただく。**マニュアルで決められているから、「ありがとうございます」と言うのではないのです。心を込めてお客様に「ありがとうございます」と感謝の気持ちを伝えるのです。**

老舗企業に勤めている間、その老舗で全国一番の売り上げの店舗で働いた経験があります。開店から閉店までお客様がひっきりなしに来店しました。それこそ面白いほど売れるという状況です。

はじめは、目の前のお客様にご迷惑がかからないよう、間違わないよう正確に一生懸命働いていました。

しかし、忙しさに慣れていくうちに、今度はだんだんと一人ひとり違うお客様であるという意識が薄れ、お客様という一つのまとまりのような感覚になっていきました。

その次に、一番売り上げがよくない店舗の店長を任されたときに実感しました。いままで忙しくしていた仕事とは、ただ単にお客様のことを機械的に仕事としてこなしていただけだったと痛感したのです。

目の前のお客様は当たり前のように来てくださった方でなく、わざわざお越しくださったのだと思ったとき、本当に有り難くて、感謝の気持ちでいっぱいになりました。「ありがとうございます」と頭を下げるときも、きれいにお辞儀するという意識でなく、有り難い気持ちで深々と頭を下げたり、お客様が見えなくなるまで見送ることも、自然とすることができたのです。

私は両極端のお店を経験できたことで、お客様がいらっしゃることが当たり前でないということを身をもって学べたのです。

そして、これはお客様に限らず、一緒に働く仲間に関しても同じです。自分一人でできることは限られています。仲間に対して、常に一緒に働いてくれて有り難いという感謝の気持ちを持ち続けることで、周囲への気くばり、心くばりが変わってきます。いくら会社が個人主義の能力評価を実施しているとはいえ、周囲への感謝の気持ちがなければ、有益な情報はもちろんのこと、誰も助けてはくれません。

一緒に働く仲間がいるのは当たり前ではないということです。

また雇ってくれている会社に対しても、雇ってもらって当たり前という態度の人がいます。これも同じ仲間として会社に迎えてもらい、働かせてもらっているという感謝の気持ちがある人とない人では、経営者だけでなく、同じ社員同士でも態度に差が出てくるものです。

もちろん経営者も、従業員を大切に思い、働いてくれていることに感謝することが大事です。

雇われる側も雇う側もお互いに大切に思いあう。これこそが「おもてなし経営」です。

お客様に感謝することはもちろんですが、自分が置かれている環境に感謝をし、家族を含めた周りの人に感謝をしましょう。日本では当たり前のことですが、世界から見れば戦争や紛争のない国に住んでいることは当たり前ではありません。東日本大震災を経て痛感した方も多いと思いますが、生きていることでさえ当たり前のことではないのです。

この感謝の気持ちを常に持つためには、普段から自分や相手、周りにいる人、世界のことに関心を持たなければなりません。

感謝の気持ちを持ち続けることができれば、不満を募らせて不幸を嘆くことよりも、いまの自分の幸せを実感することができるはずです。

ところで、皆さんはザシキワラシ（座敷童子）をご存知でしょうか。私が師匠から受けた教えで最も印象深いもののひとつがこのザシキワラシについてです。

日本各地に伝わる民間信仰の中で、ザシキワラシは精霊的な存在です。伝承として色濃く残るのは東北地方で、中でも岩手県が代表的な地域です。ザシキワラシに会える宿として岩手県の民宿・旅館がテレビ番組や雑誌に紹介され、映画化もされていま す。

明治時代の民俗学者である柳田國男の『遠野物語』には、ザシキワラシを「この神の宿りたまふ家は富貴自在といふことなり」と記述しています。これは、「座敷童子がいる家は栄え、座敷童子の去った家は衰退する」ということを表しています。
つまり、「栄えていることに感謝の気持ちを持てなくなると謙虚さが無くなってしまい、その結果、人が離れて、廃れてしまう」という、現代社会にも通じる教訓なのです。

感謝をしなければ傲慢な姿になり、自分から人が離れていってしまいます。感謝をすることで謙虚な姿となり、相手に好印象を与え、人が集まります。「またあの人に会いたい」と思ってもらえることで、自分自身の心も満たされて幸せになるのです。感謝の気持ちを持ち続けることは、自分にとっても、ものすごく大切なのです。

28 気づきを得るためのトレーニング

「おもてなし」上手になるためには、まず「自分が〈おもてなし〉をされたことに気づくことが何よりも大切です」といつも話しています。では、気づきを得るためには、どうすればいいのでしょうか。

以下は、私のセミナーのある受講者のお話です。
35年前にご主人からブランドバッグをプレゼントされたのですが、大事にし過ぎて箱の中に入れたままにしてしまった結果、バッグが傷んで壊れてしまいました。ブランド店に修理ができるか確認したところ、すでに同じバックは旧型で製造していなかったのですが、そのブランド店の販売員は「ご主人様がプレゼントしてくださったバッグと同じには修理できませんが、プレゼントしてくださったときに感じた思いと同じ思いになれるバッグにすることはできます」と言われて、とても感動し、このようなことが言えるように自分もなりたいとお話されていました。

この話をしてくれた受講者は、物が壊れて残念に思う気持ちを慰めるだけでなく、相手が大切に込めた気持ちを気遣うという相手の感性の高さに気づき、日頃、自分自身が発する自分本位の言葉を反省したそうです。

「おもてなし」は自分本位ではなく、相手本位であり、常に相手の立場になって考えるトレーニングが必要なのです。地球上にいるすべての人が、自分と同じ考えであれば、相手の立場になって考える必要はないのですが、人はそれぞれの考え方、趣味趣向が違います。だからこそ、仕事をしているときだけでなく、自分の仕事以外のさまざまな場所で、自分の感情に気づき、相手の感情にも敏感にならなければ、気づきを得ることができません。

また、ある男性受講者は、奥様と食事に行った際、お食事の途中に左利きの奥様の箸置きを従業員がさっと逆にしていたことに感激したと話していました。これもボーッと食事をしていれば、気づくこともありません。自分のことしか関心がない人は、このような気づきを得ることができないのです。

長く続いている老舗には、家訓が代々伝わっています。これは先人の知恵が詰まったものです。仕事をする上での教訓であり、日々自分自身を省みるために伝えられているものです。

仕事で一番怖いのが「マンネリ化」です。

日常の業務をこなしていると、仕事がどうしてもマンネリ化してきます。また、利益を追い求めるあまり、効率重視の仕事の仕方になってしまいます。これは段取り重視で自分本位の仕事にもなってしまいます。

「人の振り見て我が振り直せ」ということわざがあります。自分以外の人を見て、自分自身の言動を振り返るのです。気づきのトレーニングとは、日常の中で、自分以外の人を通じて自己を省みて、自分本位ではなく相手の立場になっているかどうかを、面倒くさがらず、考えることです。

いま、「おもてなし」が求められているのは、効率のみを追い求め、手慣れた手順で進めることへの違和感を、誰もが感じているからです。効率化と対照的なこととは、いわゆる手間暇をかけることです。慣れた手順で機械的にこなすのではなく、日々、目の前の相手に対し、誠心誠意の思いやりを持って対応するということは、いまの効率的な収益を上げる手法とは相反するものであるかもしれません。

もし、あなたがなんとなく仕事でうまくいってないなと感じているのなら、いま一度、自分自身の言動を省みてはいかがでしょうか。段取り重視で自分本位になっていないか、手っ取り早く仕事を終わらせることを考えていないか、自問自答してみてください。

世の中が効率を追い求めているからこそ、「おもてなし」という手間と時間をかけることへの価値が高まっているのです。

29 一生つきあう覚悟を持つ

江戸時代、「商家は女次第」と言われたほど、女性の勘やマネジメントは商売に重要なものだと考えられていました。気くばりができ、周囲を明るく元気にさせ、人間関係を円滑にできる女性がいると、安定した組織となります。

江戸時代、丁稚奉公は10歳足らずの子どもの頃から住み込みで店に入るので、店の店主は親代わりであり、家族同然だったのです。お客様との信頼関係を築くことが何よりも重要でした。したがって、仕事だけでなく人間性も高めるように育てていたのですから、本当の親以上の存在だったのかもしれません。

現代において、会社という組織では日本的な年功序列から能力評価になり、組織において評価に関係ないこと、自分以外の人への興味が希薄になってきていることは致し方ないと思います。結婚式の仲人を会社の上司にお願いすることなど考えられないと言われている時代です。このような中で、日本が築き上げてきた、すばらしいしくみや精神性を学び直すことも大事なのではないかと思います。

組織において上司や部下に対し、一生つきあうつもりで接していたら、その人に興味が湧くものです。その人が好きなことは何か、嫌いなことは何かと深く考えるはずです。

まずは、一生つきあう覚悟を一度してみてください。人との関わり方が違ってきます。

これは、お客様に対しても同じであり、お客様とも一生つきあうつもりで仕事をするのです。よくある話ですが、売るときだけ一生懸命で、売った後はまったく知らん顔をしている営業マンや販売員がどれだけ多いことでしょう。ハガキでもいいので、購入した後どのような状況か心配していることをひと言伝えることぐらいできるのではないでしょうか。

閉店時間ギリギリでお店に駆け込むと露骨に嫌な顔をされるどころか、店内に入れてくれないこともあります。自分は時間で契約しているのだからというその場しのぎの対応では、お客様に対してはもちろん、仕事以外での人間関係にもそのまま影響が出てきてしまうはずです。

老舗はお客様との信用と信頼の絆づくりを一番大切にしています。

だからこそ、お客様に信頼される従業員を作るために、人間性を高める教育を徹底するのです。仕事の場面だけでなく、日頃の人との接し方から、心がけなければならないからです。一生つきあうのであれば、その場しのぎの対応はできなくなります。相手に対してもちろん親切で、そして親身になっていくのです。

「一生つきあう覚悟を持つ」と決めたとき、人とのつきあい方、「おもてなし」のしかたが劇的に変わります。

日頃の職場、そしてお客様との関係をもう一度見つめ直してみてはいかがでしょうか。

30 属している組織に誇りを持つことの大切さ

自分が属している組織に誇りを持つことで、私たちの振る舞い方は変わります。老舗の従業員は、お客様との「信用・信頼の絆」が受け継がれてきていることを肌で感じています。

だからこそ、「自分のミスで暖簾に絶対に傷をつけられない！」と、非常に強い責任感と使命感を持ち、自分の仕事や役割に誇りを持つようになるのです。そして、自分自身が老舗を背負っていることを自覚していくのです。

そして、**長く続いている老舗は商品の販売をすることだけが目的でなく、日本の文化や歴史も含めて大切にすることで、老舗で扱う商品を通じて、日本のすばらしさも伝えたいと思っています。**

これは老舗で働いていなくても、日本で暮らす私たちなら、まず日本という組織に属していることに誇りを持つことで、言動が大きく変わるのではないでしょうか。

たとえば外交といえば、皇室の外交が印象に残ります。皇室外交は外交官1000人分の威力とも言われています。

かつて英国のエリザベス女王が日本を訪れた際、日本国の最高勲章「大勲位菊花章頸飾」が贈られました。そして、エリザベス女王はプロトコル（外交儀礼）に則って、その勲章を着用して宮中晩餐会に出席しました。お互いの国を尊重する「おもてなしの心」を感じさせます。

また、スウェーデンから国賓として来日したカール16世グスタフ国王夫妻が滞在するホテルへ、わざわざ天皇・皇后両陛下が帰国日の朝に足を運び、お別れのあいさつをされたというエピソードもあります。

同国王夫妻はこの対応に感激し、「すばらしいおもてなしだった」と述べられています。このようなエピソードは日本の国益や外交戦略を語る題材にするだけでなく、とても清々しい人間同士のコミュニケーションとして、私たちが学べるものです。そして、互いに自国の誇りを背負っている外交のすばらしさを感じます。

新聞やテレビなどのメディアを通じ、日本の先行きが不安になるようなニュースばかりが取り上げられますが、日本は世界から尊敬されているすばらしい国です。江戸時代から戦前にかけての日本がどのような精神性を持っていたのかを知ることが本当はとても大切なことなのです。

テレビなどでも紹介されていてご存じの方も多いと思いますが、エルトゥールル号遭難事件というものがありました。１８９０（明治23年）、トルコ皇帝が日本に派遣した特使一行を乗せたエルトゥールル号が、トルコへの帰路で台風に遭い、和歌山県串本町沖合（旧大島村）で岩礁に衝突し遭難するという大事故です。特使を含む５８７名は死亡したものの、死を免れた69名は地元民の手厚い救護により、一命を取り留めました。このとき、村人たちは、台風により漁ができず自分たちの食べるものさえなくなってしまうという状況であったにもかかわらず、非常時のために飼っていた鶏までも、トルコ人に食べさせて救護したそうです。また、遭難者の遺体を引き上げ、丁重に葬りました。この事件のことを初めて知ったとき、私は同じ日本人として本当に誇らしく思い、そして感動しました。

この後日談として、イラン・イラク戦争の最中、トルコは自国民の救助より先に、イランにいた日本の民間企業職員やその家族をトルコ航空機で助け出してくれました。そのことを前駐日トルコ大使、ネジアティ・ウトカン氏は、次のように語っています。

「エルトゥールル号の事故に関して大島の人たちや日本人がしてくださった献身的な救助活動を、いまでもトルコ国民たちは忘れていません。私も小学生のころ歴史の教科書で学びました。トルコでは、子どもたちでさえエルトゥールル号のことを知っています。現在の日本人が知らないだけです。だからこそ、テヘランで困っている日本人を助けようと、トルコ航空機が飛んだのです」

とても胸を打つ話ではありませんか。

老舗の従業員が誇りを持って仕事をすることができる理由のひとつに、老舗の従業員という枠にとらわれず、日本の文化、歴史、精神性に誇りを持っている人が多いことが挙げられます。

私はこのことを肌で感じ、日本の歴史や文化のことをもっと知りたいと思うようになりました。江戸時代から戦前にかけての日本を知り、日本という組織に属している自分が、外から見て恥ずかしくないようにしたいという思いが強くなりました。日本という大きな枠組みではありますが、これを自分の住んでいる地域や、自分が働いている会社に置き換えてみても、最終的にはすべて同じなのです。

まず自分が属している組織に誇りを持つことの大切さに気づくことから始めてみましょう。

人生観が大きく変わってくることを実感することができるはずです。

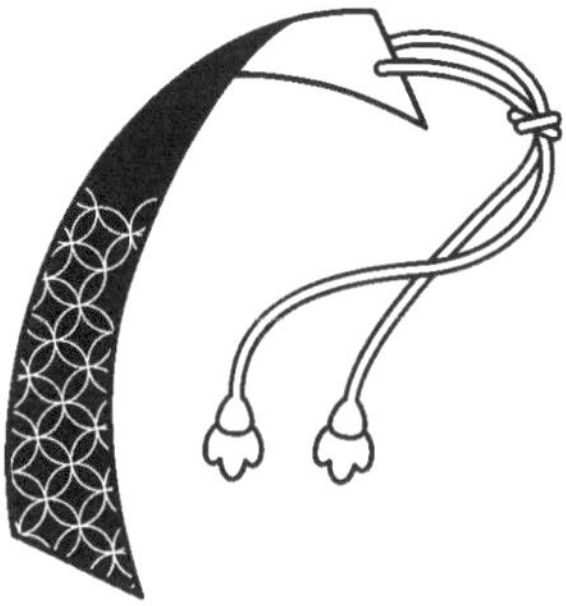

第4章

業界別の「おもてなし」戦略

31 宿泊編

「おもてなし」と聞いて最初にイメージするのが、宿泊業界ではないでしょうか。私は年間200日以上、数々のビジネスホテルや旅館に宿泊していますが、宿泊業界の常識はここ10年間で激変しました。

かつてビジネスホテルは、男性が仕事で利用するもので、寝るためだけの宿泊施設という位置付けでした。同じく女性の場合は、宿泊はシティホテルで、観光であれば旅館に宿泊するのが当たり前でした。

しかしいまはどうでしょうか。

旅館で働いている方向けのセミナーで、「人気のあるビジネスホテルに泊まってみてください」と、私は受講者の皆さんに必ずお伝えしています。

1泊朝食付5000円~8000円位のビジネスホテルは、同業他社との競争を勝ち抜くため、大変な勢いで日々進化しています。

いまではすっかり定番になりましたが、外風呂、露天風呂、サウナ、天然温泉、さらには岩盤浴施設が無料で利用できるビジネスホテルも登場しています。

また、夕食の無料サービスをするビジネスホテルも増えていることからも、その勢いを感じていただけるのではないでしょうか。晩御飯にラーメンやそば、お茶漬けが無料で食べられることはいまや珍しいことではなくなりました。

朝食は食べ放題のビュッフェスタイルが定番ですが、地元の食材を使った惣菜や、朝から豊富なデザートを用意するホテルも登場するなど、ますます進化しています。

さらにお客様の居心地をよくしている要因は、きめ細やかな気くばりです。

部屋には消臭スプレーを常備。加湿器、空気清浄器、インターネット完備というホテルもあります。着心地のよい寝間着を着用できるほか、好みの枕も選べます。ズボンプレッサーはもちろん、女性を対象にした美顔器の貸し出し、外風呂にも化粧品が常備されています。

このようにさまざまなお客様の要望を把握し、きめ細やかな気くばりを発揮しているのです。

随所に感じる気くばりだけでなく、価格もリーズナブルなのですから、費用が高くてオシャレなだけのシティホテルは太刀打ちできません。

観光地に有名なビジネスホテルができると、会社員だけではなく観光客も利用しますので、周辺の旅館が倒産に追いやられることもしばしばあります。いまのビジネスホテルにはそのくらいの勢いがあります。

旅館の中にも、こういったビジネスホテルのようなきめ細やかな気くばりをしているところがたくさんあります。

しかし、そのような旅館は宿泊費が高いのが通常です。そのため、お客様はビジネスホテルへ流れていってしまいます。だからこそ旅館は、お客様へのきめ細やかな気くばりにいっそう磨きをかけなくてはなりません。そのことが、生き残る旅館の絶対条件と言えるでしょう。

ではビジネスホテルに課題がないのかと言われれば、そうではありません。事前準備の気くばりはすばらしいのですが、〝心くばり〟にもっと力を注がなければ、同じビジネスホテル同士の熾烈な競合の中で生き残ることはできません。

出張や旅先での楽しみのひとつに、現地の人たちとのふれあいがあります。遠方から来ていることがわかると、「遠くから、わざわざ大変でしたね……お気をつけてお帰りくださいね」などと、短い時間でも私たちを心配してくださる一言があると、心が温まります。

その一方で、型どおりの案内を受けて、旅の疲れがどっと出てしまうこともあります。接客している本人に悪気はまったくないのですが、小さな不満の積み重ねが鬱積し、後にクレームとして爆発します。ここ最近、接客業の経営者から「何とか直して欲しい」と、ご相談を受ける機会が急増しています。

先日、あるビジネスホテルにチェックインしたときのことです。遅い時間帯で私は疲れていて、すぐにでも休みたい気持ちでした。そんな私の気持ちとは裏腹に、フロント担当者は、マニュアル通りの説明を淡々と話し始めました。がっかりしたのは言うまでもありません。

マニュアルについて否定はしませんが、話し始める前に「お疲れ様でした」といった一言があればどうだったでしょうか。おそらく旅の疲れが少し癒され、感じ方も変わったはずです。それができないのは、マニュアルにない〝心くばり〟がないと言えます。

チェックインの際、お客様にお伝えしなければいけない情報があるのは大前提ですが、お客様の状態をきちんと把握した上で、思いやりの心をもってお声をおかけするのが「おもてなし」です。このビジネスホテルは、「〈おもてなし〉の欠片もないホテル」と思われ、いい口コミは期待できないでしょう。

自分本位ではなくお客様本位、自分たちの段取りだけを淡々とこなすのではなく、お客様の気持ちになって、気くばり、心くばりの「おもてなし」をしてはじめて、お客様の支持を得ることができるのです。

32 飲食店編

私の弟は都内でイタリアンレストランを開業しておりますが、飲食店の開業後３年の生存率は２〜３割とも言われており、特に競争が激しい業界と言えます。大型チェーン店であるファーストフード店やファミリーレストラン、回転寿司店などは、大量仕入れによるスケールメリットがあるため、個人経営店に比べると撤退するお店も少なく、安定しています。

しかし、大型チェーン店の場合、スタッフのほとんどがアルバイト、パートで成り立っているため、接客も均一化されたマニュアルで管理するしかないのが現状です。リーズナブルな価格で、手軽に外食が楽しめるのがチェーン店ですから、ある意味、致し方ないのかもしれません。

しかし、大型チェーン店間での競争も年々激化しているため、均一化されたマニュアルで管理するには限界があります。

評価が高い大型チェーン店ほど、マニュアルを一歩踏み出した接客をしています。たとえば、カウンターで注文し、料理を自分で席まで持って行かなければならないお店があります。しかし、大きな荷物を抱えているお客様の場合は、カウンターから出てきて席まで運んでくれることもあり、マニュアル一辺倒でない心くばりに感激することもあります。

マニュアルに縛られず、積極的に一歩踏み出す接客を行っているチェーン店と、マニュアル通りの接客をこなしているだけのチェーン店とでは今後、業績面も含め、さらに差が開いていくことは明白です。

だからこそ、これからは、サービスを超えた「おもてなし」が求められていくことになるのではないでしょうか。

個人経営の飲食店は、存続をかけて鎬《しのぎ》を削っています。厳しい経営状態の中でも、長年、お客様に支持されている飲食店もあります。長く続いている飲食店には、それだけ愛される理由があるのです。

長く愛される飲食店に共通する要素というのは、いくつもあります。その一つが、飲食店の生命線である「衛生管理の徹底」です。これは「おもてなし」の事前準備に含まれます。

私の自宅の近くに、30年以上続く中華料理店があります。外観は決して新しくありませんが、いつも満席の大繁盛店です。このお店の厨房は、いつもきれいに磨き上げられ、店内の空調機や電球にホコリもなく、清潔感が漂っています。客席から見える部分を細部まで美しくする努力をしているのです。

「汚いお店でも美味しければいい」という方もいらっしゃるかもしれませんが、それは一部であって、飲食店の場合、**衛生管理の行き届いた、清潔感あふれるお店にすることが繁盛の大前提です。**そのお店は最新の飲食店のように決してオシャレな内装ではありません。

むしろ魅力はその居心地のよさであり、**それは従業員の目くばり、気くばりから生まれているものなのです。**

そのお店にはテレビがついていて、従業員もテレビを見ていることがよくあるのですが、視線はテレビに向けつつも、さりげなくお客様の様子も見ているのです。

この中華料理店では、他のお客様が少し騒がしいときには、必ず従業員が声をかけてきます。「騒がしくて申し訳ありません」と、こちらが何も言わなくても頭を下げてくるのです。また、常連のお客様でも、お連れのお客様が前回と異なる場合には、親しく接するのではなく、普通に接するなど接し方を使い分けていて、その配慮には感心させられます。

店内を観察し（目くばり）、きちんと状況を把握してお客様の心理をキャッチしている（気くばり）からこそできることと言えるでしょう。


一方、繁盛していない飲食店は、居心地の悪い思いをすることが少なくありません。たまに、従業員がジーッとお客様の方を見ていて、居心地が悪く感じることがあります。監視されて、いい気持ちのする人はあまりいないと思います。

これはたまに、高級レストランでも感じることがあります。チェーン店では呼び出しボタンが備え付けてありますので、監視される緊張感はなくなりましたが、このようにさりげない目くばりが、お客様の居心地の善し悪しを左右します。

従業員教育では、先輩スタッフの動きを新人スタッフに見せ、見て学んでもらうことが多いと思います。マニュアルで教えている訳ではないので、**ついていけない従業員は辞めていきますが、だからこそお店全体のクオリティーが保たれていると言っても過言ではありません。**

いまや、「料理が美味しい」だけでは、飲食店は生き残れません。「おもてなし」の土台である徹底した衛生管理と居心地のよい空間づくり。そして従業員の目くばりを起点とした、気くばり、心くばりができるお店だけが、「存続し続ける飲食店」となれるのです。

33 小売店編

小売業もこの10年で大きく変わってきた業界のひとつです。以前であれば、近くにあるライバル店、同業他社とのお客様争奪戦を繰り広げていたのですが、いまの脅威は間違いなく、通販会社との戦いです。

通販は、自宅で、好きな時間に、誰に遠慮することなく、自由気ままに商品を選ぶことができます。接客を受ける煩わしさもありません。「気ままに買い物したい」と思うお客様が通販に流れていると言えるでしょう。

アパレルショップなどに足を踏み入れると、すぐに近寄ってくる販売スタッフがいますが、これはあまり歓迎されるものではありません。一挙一動を見られながらの買い物は、窮屈でしかたがないからです。お客様の存在にすら気づかず、スタッフ同士でずっと話し続けているお店も不快ですので、該当するお店は早急に改善しなければなりません。

お客様が商品を購入する理由はいくつかありますが、

①問題を解決できる商品がある

②ワクワクする体験ができる空間がある

この2つに集約されるのではないでしょうか。

商品を購入することによって「問題が解決できるか」「どんな楽しい体験が得られるのか」「どんなに喜ばしいことが得られるのか」。お客様はこういった気持ちを持っています。それに対し販売スタッフは、商品の魅力を考え、お客様に教えてあげるのです。これこそ、小売業で働く人の役割と言えるでしょう。

たとえば、アパレルショップの場合、サイズが変わってしまって、いまどうしても洋服を買わなくてはならないお客様なのか。たくさん洋服は持っているけれども、自分がワクワクできる洋服があれば買おうと思っているお客様なのか。それによって対応を変えなければなりません。どうしてもいま買わなければならないお客様の場合、その問題を解決できるように、お困りの状況に共感しながら、一緒になってアイテムを選ぶお手伝いをします。いいアイテムがあれば購入したいと思っているお客様には、ほどよい距離感を保ちつつ、新しく入荷したものや、雑誌モデルの情報をさりげなくお伝えして、イメージを膨らませるお手伝いをします。

インターネット通販では、1つのアイテムを選ぶと、同じような傾向の商品が同じ画面に表示されます。さりげなく、その人の好みにあった商品をオススメしてくれるのです。

アパレルの場合、肌触りや質感も気にするお客様もいるので、通販で買わないと考える人もいると思います。そういった点ではむしろ対面販売の方が強いと思うかもしれませんが、「アイテムを実際に触れられる」だけでは、わざわざ時間と交通費をかけてお店に来る動機にはなり得ません。

ネットで気軽に商品が購入できるこの時代に、わざわざお店に足を運んでくださったというだけでも感謝の気持ちが湧いてくるのではないでしょうか。そのお客様は、何を期待して来てくださったのか、いま一度考える必要があると思います。そうでなければ、ますます通販会社のしくみに負けてしまうでしょう。

私は化粧品の接客サービスについてよく相談を受ける機会があります。まず、店頭にわざわざ出向くお客様はどんな人だと思いますか？

たとえばデパートの化粧品売り場に行ったとき、お客様の顔を見てみてください。デパートの化粧品売り場に足を運ぶお客様のほとんどは、スキンケアに支障がある人です。それは、女性の心理を考えてみればわかります。お店にわざわざ足を運ぶのは、肌に関する何らかのトラブルを抱えており、店員に解決してもらいたいからです。

しかし、そんなお客様に対し、店員が「目の周りが乾燥していますね」とか「シワやシミが増え続けていますね」といった言葉をかけてしまったらどう感じるでしょうか。もう一度言います。お客様は肌に関するトラブルを抱えているからお店に行くのです。どんなに専門知識を持っていても、こんな風に事実を言われてしまったら、もう2度とお店に行きたくなくなるのが普通ではないでしょうか。それよりも、自分が傷つかない通信販売に行くのが自然な流れと言えるでしょう。

問題を解決したいというお客様に対しては、**まず言葉への心くばりがなければなりません。必ず、お客様を認める言葉をかける**のです。

たとえ肌のトラブルに悩んでいたとしても、「血色がいい」「色が白い」など、どこかにほめるべきポイントがあるはずです。まずよいところを認めて、お客様に安心感を与えて信頼関係を築くことができれば、生涯お付き合いいただけるようなお客様になっていただけるはずです。

いま一度、「目の前のお客様が何を期待しているのか」を考えることが、小売業界にとって必要なことと言えるのではないでしょうか。

34 観光地編

「観光」の語源は、中国に伝わる『易経』の「国の光を観る、もって王に賓たるに利し」という一節に由来します。『語源由来辞典』によると、観光の本来の意味は「国の威光を観察すること」。いまで言えば、「〝地域の光るもの〟を観に行くこと」です。

〝地域の光るもの〟と言えば、いろいろあります。温泉、景勝地、史跡などの歴史遺産はもちろん、ご当地キャラ、ご当地グルメを競う「Ｂ１グランプリ」など、「食」に対するイベントもいっそう盛り上がっています。

また、地域住民と交流する交流・体験型の観光は各地方の観光地が力を注いでいます。まさしく地域の〝人〟が光となり、観光地となるのです。

ところで、私は仕事で全国各地や海外に出張する機会が多いのですが、よく「おもてなし」の地域性を実感することがあります。

地域については、雪の降る「雪国」と、雪の降らない「南国」の2つに分けることができます。

一般的に、雪国で生活する人は忍耐強い気質であるといわれます。長い冬を越すために、連日の除雪作業はもちろんのこと、昔であれば何日も外に出られない日が続くことも多くありました。このような厳しい生活環境が雪国の人を忍耐強くさせ、雪国ならではの「おもてなしの心」を育みました。

たとえば、雪が降っているとても寒い日に、突然見知らぬ人が家に訪ねてきても、雪国の人は間違いなく自宅に招き入れるでしょう。外で凍え死んでしまうからです。これこそ、自分の都合よりも相手を心配するという「おもてなしの心」の原点であり、雪国の人は「困っている人を助ける」という精神を持っています。

また、雪国の人は、身体を温めるためにお酒を飲む習慣があります。日本酒、ウォッカなどはこのために生まれたと言われるほどです。ロシア・ウォッカ博物館のニキシーン館長はこう言います。

「ロシアは寒い国で、いつも辛い生活をしているのだ。だから、ロシア人にとってはウォッカ以外のお酒は助けにならないのさ。そして、お酒を酌み交わすというコミュニケーションこそが相手との心の距離を縮めて、互いの心を温める」

このように、「おもてなし」を円滑にするための環境がよく整っている場所こそ、雪国なのです。雪国を訪れる人が、雪国の人の根底に流れる「素朴なあたたかさに触れたい」という欲求を持つのも、うなずけます。

一方、南国の人は一般的に開放的な気質であるといわれます。とにかく、おおらかでとびきりの明るさが魅力です。ハワイやバリに代表される南国は、緊張感を与えない目くばりという「おもてなし」が行き届いているため、「その場所に行くだけで癒される、くつろげる」という人々が絶えないのでしょう。

疲れ果てた体と冷えきった心を温めて欲しいときは、温泉に入り、お酒を飲み、温かい料理を食べて布団の中でぬくもりたくなります。

煩わしい日常生活から離れて体と心を癒したいときには、温かい陽光を浴び、芳しい香りのする花々に囲まれて、海やプールに飛び込み、爽やかにリフレッシュしたくなります。

地域性は、都会や田舎で分類して考えることもできます。

たとえば、代表的な「おもてなし」として、都会では「案内」、田舎では「ご馳走すること」が主軸となるケースが多いです。

都会では、オペラ・コンサート・スポーツスタジアム・博物館などに案内してもてなすことが多く、こういったことは都会でなければなかなか味わえません。

江戸時代の歌舞伎などはその典型で、地方から江戸に来た人をもてなす場所だったと言われています。観光地を案内する「はとバスツアー」が人気の理由も、ここにあります。

田舎では、その土地独自の食材で作る料理や飲み物を味わうことができます。

地域活性化において、食のブランディングを通じた〝まちおこし〟が急増しましたが、その理由もここにあります。

私がずっと続けている「おもてなし研究」から言えることですが、**「人は心の状態によって無意識的に〈おもてなし〉を受けたい場所を選ぶ」**ということです。

あなたは次の休日に観光するとしたら、どのような「おもてなし」を受けたいと思いますか。

まずは、観光地における地域性の特徴を理解したうえで、どうすれば観光客を呼べるかを考えてみることが肝要です。

35 アミューズメント編

遊園地やボウリング場などのレジャー施設、ゲームセンター、パチンコ屋、カラオケ店などのアミューズメント産業は近年、拡大しています。

数十年前までゲームセンターは「若い人のたまり場」と思われてあまりいいイメージを持たれていませんでした。

しかし、ショッピングセンターなどに出店するようになったいま、かつてのイメージは徐々に薄れ、老若男女、家族連れ、そして年配の方同士が交流する場としての役割を担っています。

あるゲームセンターでは、朝の開店とともに70代～80代のお客様が入店され、夕方まで楽しんでいます。しかも、その方たちはほぼ常連と言いますから驚きです。お客様の様子を見ていると、さながら午後の町内会のようなほのぼのとした雰囲気です。

ゲームセンター側は、このようなご年配のお客様に来ていただくためのサービスも強化しています。畳を使った椅子の設置、お茶の無料サービス、足掛け毛布、老眼鏡の貸し出しなどさまざまです。

若い世代が外に出てお金を使わなくなり、高齢化がさらに加速するいま、高齢者をターゲットとしたアミューズメント施設が求められるのは明白です。

高齢者にリピーターになっていただくためには、ゲームの面白さだけではなく、お店で働くスタッフの接客がカギになります。**スタッフとのコミュニケーションを求めて足を運ぶ高齢者は少なくないからです。そのためには、スタッフの「おもてなし」力が、今後のゲームセンターの生命線になることは間違いないでしょう。**


また、パチンコ店などでは、お客様が損をしてイライラすることも多いため、気持ちよく楽しんでいただくためにも、スタッフの接客力の強化が必要です。

私がゲームセンターやパチンコ会社などで研修を行う場合、「安全で安心して遊べる空間づくり」を目指すようにしています。具体的には、5S（整理・整頓・清掃・

清潔・躾）を徹底させて店内の清潔感を維持し、スタッフが明るく、礼儀正しく対応することで、お客様に居心地のよい空間を提供できるようにしています。

東京ディズニーリゾートやＵＳＪ（ユニバーサル・スタジオ・ジャパン）などに代表される、夢と魔法の王国、感動がいっぱいの非日常を提供するのもアミューズメント業界です。

いまの日本人は「モノの満足」に加えて「心の満足」を強く求めるようになりました。「相手の心を満足させること」とは、「相手の心を感動させること」です。つまり、接客・接遇する人の対応力は「顧客満足」よりもさらに上のレベルの「顧客感動」や「顧客歓喜」の域を目指せるレベルのものでなければならなくなりました。この「顧客感動」「顧客歓喜」を提供する場所こそ、テーマパークです。非日常の世界で、大人も子どもも思いっきり童心に帰って楽しむことができ、何度も足を運びたくなるというのは、大変魅力的です。

書籍や講演でもよく、東京ディズニーリゾート出身の方がよく話をされています。

参加者は、自分の会社やお店に取り入れられることがあればと思って聞いていらっしゃいますが、東京ディズニーリゾートで成功した事例にならって同じようなことをしても、お客様を感動させることは不可能です。

私は「おもてなし研究家」として東京ディズニーリゾートについては常々研究していますが、一般の会社やお店が学ばなければならないことのひとつに、「パーク内で雑談しない」ということが挙げられます。

東京ディズニーランドやディズニーシーで、スタッフから「昨日誰々とご飯食べに行った」「彼氏とケンカした」といったプライベートな会話を私は一切耳にしたことがありません。これは**スタッフ全員が、「夢と魔法の王国にお越しいただいたお客様の夢を壊さないこと」に徹底して臨んでいる成果と言えるでしょう。**とてもすばらしいことではないでしょうか。これが、ディズニーランドの何よりの強みだと確信しています。

私は常々講演やセミナーで**「仕事場は舞台、自分は女優であり、俳優であることを理解していますか？」**と話しています。アミューズメント業界こそが、まさに私のこの言葉を表す最たるお手本なのです。

36 清掃整備業編

私は清掃整備会社でも研修をさせていただいています。そこで、間違いなく言えるのは、日本の清掃整備の技術は世界一だということです。他の国を見るとわかりますが、日本は清潔な国で、外国人観光客からもそのきれいさを称賛されています。

その背景にあるのは、清掃スタッフの方たちの、日々のたゆまぬ努力です。

ホテルやビル、ショッピングセンター、駅、サービスエリア、空港などさまざまな施設で清掃整備の方々を見かけることがありますが、その清掃力に留まらない「おもてなし」の数々に舌を巻くこともしばしばです。

先日、あるビジネスホテルに宿泊していた時のことです。朝、清掃スタッフの方と廊下でお会いしたとき、笑顔で「おはようございます」「いってらっしゃいませ」と元気よく声をかけられました。フロントの方よりも感じがよかったほどです。おかげで、朝から気持ちよく仕事に向かうことができました。

また、別の日の朝、大きなスーツケースを持ってエレベーターの方に向かって歩いていたときのことです。私に気づいた清掃スタッフの方が、すぐにエレベーターのボタンを押してくださいました。少しでも楽ができるようにと配慮してのことだと思いますが、とても感じがいいなと心を動かされました。

しかしこれらのことを、フロントの方がしていたらどう感じたでしょうか。おそらく、「感激」というレベルにまでは達しないでしょう。

フロントは、接客サービスをするのが仕事ですので、声をかけることも、エレベーターのボタンを押すことも、ある意味「当たり前」です。それらができていないと、むしろ不満に感じるお客様すらいらっしゃるかもしれません。本来、接客担当ではない清掃スタッフの方々が、自分の仕事である客室の整備中にしてくださるからこそ、お客様は感激するのです。このような体験が1つでもあると、ホテルのイメージはおのずと高まります。

また、ある空港に行ったときのことです。お手洗いに、きれいなお花が飾ってありました。ちょうど清掃していた方に話を伺うと、スタッフが交代で自宅から花を持ってきているとのこと。素敵な空港だと思うと同時に、素敵な県だと強く思いました。県の玄関である空港の清掃スタッフの方々が、その県のイメージとブランド力を高めたのです。

ショッピングセンターやオフィスビルも同じことです。限られた人数と時間で段取りよく清掃整備の仕事をしなければいけない状況の中、階数が多く、訪問する会社の場所がわからないときなどに、清掃スタッフの方が親切に案内してくださると、すばらしい会社、すばらしいショッピングセンターだと感じます。

私は数年前からある大手企業でスタッフ研修を担当させていただいておりますが、最近の研修テーマは「品格」であり、年々、個々の人間力が上がっていることを実感しています。

スタッフの中には、通常業務に加え、清掃整備の技術を争う競技会に出場し、日々技術の向上を図っている方もいます。比較的、年齢が高めの方が多いのですが、非常に前向きで、衰えを感じることのないそのパワーに敬服します。

このように、お客様の前に立たないイメージのある清掃スタッフの方の質が高ければ高いほど、組織のイメージ、組織のブランド力を上げることができるのです。

だからこそ、組織のブランドを高めることができる重要なお仕事をされていることに改めて自信を持つことが大切なのではないでしょうか。

清掃整備業というのは、まさに「おもてなし産業」です。

いま一度、「おもてなし産業」だということに誇りを持っていただきたいと思います。

37 製造業編

製造業は、日本に欠かせない産業のひとつです。一時は新興国との競争に撤退を余儀なくされたこともありますが、自動車や家電に代表されるように、いまだに高品質で環境に優しい日本製品は世界中で求められています。そのくらい日本の確かな技術には定評があるのです。

しかし、技術だけでこれほど求められるようになるのでしょうか。

答えはNOです。ある経営者から「工場内に落ちているごみを自分で拾える人材をつくりたい」という相談を受けたことがあります。経営者にとって、これは非常に切実な課題です。

高品質の製品は誰が作るかと言えば、〝ヒト〟がつくるのです。だからこそ、**製造業では〝モノづくり〟にこだわる以上に〝ヒトづくり〟にもこだわりを持たなくては**

なりません。

私が特別顧問理事を務める団体「ＮＰＯプラントツアーズ」（代表・上田弥生）では、工場見学を支援する活動をしています。工場のラインだけでなく、あえてそこで働く〝ヒト〟を見ていただくようにしているのですが、その理由は、〝ヒト〟がつくる製品だけでなく、〝ヒト〟の集まりであるその会社も好きになっていただきたいという思いがあるからです。品質が高く、人に喜んでもらうモノをつくるには、モノをつくるヒトづくりが製造業の要になると言っても過言ではありません。

Ａ社と取引をしているクライアントＢさんから聞いた話です。

Ｂさんはその日、車でＡ社の工場を訪問したそうです。工場内に入ると、信号機が「赤」だったので止まりました。向かいには一台の車が同じように信号で止まっていたそうです。信号が青になったとき、向かいの車に乗っていた方が、Ｂさんに向かって一礼をして通り過ぎたそうです。おそらく従業員の方だったのでしょう。

当たり前のことと感じる方もいると思いますが、意外とできる人は少ないものです。Ｂさんはこの従業員の行動をきっかけに、Ａ社と取引することを決めました。この工場で働く従業員が作る製品なら安心だと、強く印象に残ったのです。

私は工場見学（プラントツアー）のしくみづくりのサポートもさせていただいているのですが、工場で働く従業員の方々には、見学にお越しいただいたお客様をしっかりお見送りすることの大切さを伝えています。

もしあなたが工場に行ったとき、旅館のようなお出迎えとお見送りを受けたら、どのような気持ちになるでしょうか。ウェルカムボードが用意されていたり、スリッパにネームプレートがセットされていたりしたら、うれしくなって感動するのではないでしょうか。そしてその感動が、高い評価に繋がっていくのです。

高い評価を受けている工場で働く従業員は、敷地内にごみが落ちていたら、自ら進んで拾います。自分が働く工場が、お客様から見て美しくあってほしい、自分たちの振る舞いひとつが、工場や会社のイメージをよくも悪くもすることを知っているからこそ、礼儀正しい節度ある行動を自然ととるのです。

「モノづくり」は、「おもてなし」と共通点があります。それは、〝自分本位〟ではなく〝お客様本位〟であるということです。人間力の高さは、その人たちのつくる製品に表れます。製造業にこそ、何より「おもてなし」の気持ちが欠かせないのです。

38 自治体編

ここ数年、財団法人都市農山漁村交流活性化機構（まちむら交流きこう）において、自治体の方々と仕事をさせていただく機会が増えています。食と農林水産業の地域ブランド協議会認定の「地域ブランドアドバイザー」、「おもてなしコンサルタント」として地域のまちおこしのお手伝いをさせていただいているのですが、そこで感じるのは、「おもてなし」をスローガンに掲げる自治体が急増していることです。「おもてなし」をスローガンにすることで自治体を活性化させる活動自体は、とてもすばらしいことだと思います。お客様本位でありたいという姿勢を表すことでもありますので、私もパートナーとしての立場から、ぜひ応援したいと思います。

一方で、「おもてなし」とその行動がちぐはぐになってしまうと、相手に意図が見え見えとなり、嫌悪感を感じられてしまうという側面も持っています。

ある自治体のプロジェクト会議に参加した際、思わず絶句した出来事があります。そのプロジェクトの中心である総合プロデューサーのAさんが、自治体から「会議中の話はあいまいで構いません。むしろまとめないでください」という要請を受けたのです。

私はこの要請を聞いたとき、思わず自分の耳を疑いました。

「まちのブランディング」で最も大事なことは、そのまちの住人が、そのまちに住んでいることに誇りを持てるようにすることです。そのために話し合いの場を設けているのに、「あいまいで構いません」というのは、どういうことでしょうか。

その自治体の方は、最後の会議で、Aさんにしてほしい発言をまとめた台本を用意してきました。「これ以外は一切喋らないでくれ」という意図だったのでしょう。Aさんだけでなく、その場に参加した私もがっかりしたことは言うまでもありません。

「おもてなし」の語源の1つに「表と裏が無し」があります。このような作為的な自治体のために、誰が情熱を注ぐことができるのでしょうか。そのAさんは常識的な思考を持つ方でしたので、「物事を決めなければブランディングは成功しませんよ、そちらの考えは理解不能です」との言葉を残して、翌年、その仕事を辞退しました。

自分本位の仕事をしているがために、一体何のために仕事をしているのか、自分でもよくわからなくなってしまうのでしょう。最も不幸なのはその自治体の市民です。

このような状況の中で、「おもてなし」を掲げたとしても、うまくいかないのは明白でしょう。


すべての自治体がこの例のように異常なわけではありません。そもそも自治体の「おもてなし」とは、自分たちのもとを訪ねてくれた相手に対して「我々のまちへよく来てくれましたね」というシンプルな気持ちを表すものです。「おもてなし」の気持ちを持つ職員の方が、1人、また1人と、最近増えてきていることも確かです。

私たちのような企業のサポーターは、「おもてなし」の気持ちを持つ方々のために仕事をさせていただくことが、大きな喜びなのです。

「おもてなし」を自治体のスローガンとして掲げる前に、そのプロジェクトに関わる職員の方が「〈おもてなし〉をする気持ちがある人なのか」をまず確認することです。

大阪府の知事を務めた橋下徹氏が、新入職員の入庁式でくぎを強く刺していました。

「皆さんよりも年齢の上の方（業者）がみなさんに頭を下げてくるが、勘違いしてはダメだ！」と。

頭を下げてくるからといって、自分が偉い人になったつもりになるのではなく、「共に地域を高めてくださる方」という気持ちで取り組むように、という意味なのでしょう。住民の代表である市長や町長には、常に職員のモラルと言動に気を配っていただきたいと思います。

39 教育機関編

少子化による児童数の減少により、教育機関のあり方が大きく変わってきています。社会問題にもなっているモンスターペアレントの対応に教師が頭を抱え、心の病にかかってしまうケースも少なくありません。以前は、子どもはもちろん、保護者も先生に敬意を持って接するのが大前提でしたが、最近では、保護者の対応に苦慮して、右往左往している学校も少なくありません。ともすれば生徒や保護者を、お客様のように対応するような学校もあります。

たとえば、授業参観にきた保護者向けに、チェックシートを渡して評価させるような学校もあります。教師が授業している様子を、用意されたチェックシートに沿ってチェックしてもらうのです。

教師のスキルを向上させるための評価はもちろん必要ですが、これでは、保護者が評論家になることを助長しているようなものです。親が教師を尊敬できるようなしくみづくりをしなければ、子どもが教師を尊敬できるわけがありません。

学校側は、学費を管理している事務スタッフの接客力の向上、「おもてなし力」を高める努力をする必要があります。また教師も社会的な常識を兼ね備え、常に人間力を向上させること、人格者としての振る舞いに気をつけるべきであることは言うまでもありません。

2000年、沖縄で第26回主要国首脳会議（通称：沖縄サミット）が開催されました。「20世紀最後のサミット」として注目を集めた会議です。

このサミットで、ある一人の女性教師がとった行動を、私はいまでも忘れられません。当時、アメリカの大統領を務めていたビル・クリントン氏が、沖縄の平和の礎で演説後、県民と握手していました。季節が夏だったこともあり、額には大粒の汗が噴き出していました。それを見かねた一人の女性教師が、彼の頬の汗をハンカチで拭ったのです。傍にいたSPはもちろん、生徒たちもきっとこの女性教師の行動に驚いたと思います。私もこのエピソードを知ったとき、強い衝撃と感動を覚えました。

目の前にいる人がどんな人であれ、ためらうことなく手を差し伸べることができる。なんてすばらしいことなのでしょうか。

私はこの女性教師の行動を見ていた生徒たちは、最高の教育を受けたと思います。教科書通りに教えることよりも、大切なことを体現して見せるという行動こそ、生徒にとって最高の教科書となると思うのです。

私の行っている「おもてなし」セミナーの中でも、おもてなしにとって最も必要なこととして、「高い人間性」を挙げています。

子どもたちは、目上の人に対する尊敬心や人を思いやる心などを小さいうちに身につけておかなければなりません。そうでなければ、きっと社会でやっていけないでしょう。

しかし、いまの教育のままでそれを教えることは厳しく、すでに限界にきています。教育機関が、フォーマット化されたチェックシートで保護者の顔色を見るのではなく、本当の教育を子どもたちに受けさせなければ、いまの子どもたちが背負うこの先の日本に未来はありません。

何より大事なことは、子どもの親である保護者自身が自分を見つめ直すことです。子どもに道を指し示す存在として、親自身が高い人間性を目指すことが、子どもにとって何よりの教育、そして教養となるからです。

保護者、学校がともに、本来の教育の意味をいま一度見つめ直す時期に来ているのではないでしょうか。

40 旅客輸送業界

旅客輸送業界とは、具体的には旅客機（飛行機）・バス・タクシー（自動車）・旅客船（船舶）・旅客列車（電車）などがその代表で、皆さんにとって非常に身近な存在なのではないでしょうか。

旅客輸送業界では、まず「安全」にお客様を目的地まで届けることが大前提です。事故を起こさないように事前準備を徹底して行うことが何よりも大事で、さらに安全を追求することが欠かせません。

たとえば飛行機であれば操縦士がいて、航空整備士の方々がしっかりと役割を果たしているからこそ安心して飛行機に乗ることができます。航空会社によっては航空整備士の方々が離陸の際に手を振ってくださるところがありますが、整備をした旅客機と乗客の安全を願っているからこそできる行動でしょう。

そしてＣＡ（客室乗務員）がお客様への対応を行いますが、飛行機に乗るのが怖いと思っているお客様はまだ大勢います。

だからこそ、ＣＡはみんな、いつも笑顔なのです。飛行機は安全であり安心してくださいというメッセージを笑顔で表しているのです。

もしＣＡが不安そうな表情でいたら、お客様は不安になります。少々揺れたからと言って不安な顔をせず、笑顔を絶やさないことが、お客様を安心させるのです。

先日、仕事で北海道に行った際、搭乗した飛行機に、かわいいキャラクターが模してありました。思わず「可愛いですね」とＣＡに話しかけたところ、キャラクターのイラスト付紙コップに絵を描いて、飴を入れて持ってきてくれました。思わず笑顔になったのは、言うまでもありません。

ちなみに、機内で睡眠をとる乗客も多いと思います。中にはいびきが大きく、周りの乗客に迷惑な場合もあります。

では、こういった場面でクレームが出たとき、ＣＡはどのように対応すると思いますか？

毛布を持ってきて膝にかけながら、「寒くないですか」と本人に声をかけて、気づいていただくというやり方をしているそうです。狭い機内で、できる限り乗客同士が争いにならないような心くばりをしています。

以前、ある航空会社が過度のサービスをしないことを書面にして物議を醸したとき、テレビ局から意見を求められたことがありました。重たい荷物を持ち上げるときに、困っていたら助けるのは当たり前のことで、それをわざわざ「荷物を上げない」と書面にする必要があったのかと思います。

私はこの航空会社をやむなく利用することがありますが、年配の方や女性の場合は近くにいる乗客が荷物を上げるのを助けている光景をよく目にします。格安航空機だから過度の期待をＣＡにしないでほしいということなのだと思うのですが、日本人にはこのような決まりは合わないのではないかと思います。

旅客機の乗客対応はＣＡが行いますが、大変なのは、自ら運転し、お客様の安全を守ると同時に乗客対応もしなければならないタクシーやバスの乗務員の方々です。

ニュースでも報道されますが、タクシー乗務員は常に危険と隣り合わせです。車という密室空間ですから、強盗や乗客の暴力などが発生する可能性もあります。タクシーの場合、乗客との対応は特に気を配らなくてはなりません。

最近、タクシー乗務員の方への研修が非常に増えています。ある機関が毎年行っている都道府県別魅力度調査の項目に、「タクシー乗務員の対応」が入るようになったからです。これは、タクシー乗務員の対応によって都道府県の良し悪しも左右されるということを言いたいのでしょう。


以前であれば、安全に目的地に到着することが仕事だったのですが、観光タクシーや介護タクシーなど、タクシーの種類も多様化しており、乗務員に求められるレベルも大きく変化しています。だからこそ、「ワンメーターしか乗らないお客様には挨拶をしない」「チッと舌打ちをする」といった乗務員を抱えるタクシー会社は、この先、生き残ることはできないのです。

何年か前、桜のきれいな季節にタクシーに乗ったとき、「桜がきれいですね」と乗務員の男性に声をかけたところ、「この桜もお客様を歓迎しています」と答えてくれたことがありました。まさしくこの地に歓迎されているのだと、彼の言葉に感激したことをいまでも覚えています。

また息子が小さい頃、旅行で観光タクシーを利用したところ、女性の乗務員の方が観光の途中にこっそりおやつを用意してくださったり、常に子どもの体調を気にしてくださったり、大切にしてくださっているのだという気持ちを強く感じました。当然、その観光地が大好きになりました。

これからの時代、タクシー乗務員の皆さんは、地域を代表しているという誇りを持って仕事に取り組むことがますます求められていくと思います。

地域の美味しい食べものをはじめ、地元の情報を把握していることはもちろんのこと、歴史なども含めて、地域の広報大使だと思って仕事をすることをお勧めします。

41 医療・介護・福祉編

「ホスピタリティ」を売りにしている有名なシティホテルがありますが、違和感を持つ方は少なくないのではないでしょうか。

「ホスピタリティ」の語源は「ホスピス」と言われています。ホスピスとは、末期癌患者の方など死期の近い病人の方を対象に、延命処置を行わず、身体的苦痛を和らげて、精神的援助をして生を全うできるように医療を行う施設のことで、中世ヨーロッパの教会に病人や巡礼者を泊めたことが起源とされています。

そのため、**「ホスピタリティ」という言葉を使っていいのは、医療・介護・福祉の業界の方という風に考えられます。**

たとえば、「もう二度とあの病院には行きたくない」という声を耳にすることがあります。「私の顔を見ずに、そっぽを向いて話された」「無表情で冷たい」など、医療的処置に対する不満というよりも、医師や看護師、受付の方の言動に怒りを覚える方が多いようです。

病院へ行く方は、ハンバーガーを買いに来るような消費者タイプのお客様とは異なり、病気や怪我をしていることに加え、不安や心配事を胸に抱えています。大学などの医療系学部のカリキュラムに、ホスピタリティの精神が組み込まれている背景には、こうした理由があります。

病院や介護、福祉施設で働く人は日々、超過密スケジュールで動いています。このような日常で自分の感情をコントロールすることは相当な精神力が必要であり、まさに尊敬に値します。稀に患者様の気持ちを考えずに対応が事務的になってしまうことや抑えつけるような言動をとってしまうことも起きてしまいますが、人間は「おもてなし（ホスピタリティ）ロボット」ではないので、しかたない側面もあると思います。

しかし、「病気の人を助けたい！」「人の命を救いたい！」「役に立ちたい」といった志を持って仕事を選ばれた方なのですから、患者やその家族には、成熟した大人として「思いやりの言葉」が自然と出るようになるといいなと思います。

私の息子は小学校に入るまでは喘息がひどく、秋になるたびに発作が起きて入退院を繰り返していました。救急外来で吸入をしてもらうため、病院へ駆け込んだことも少なくありません。

当時のことで、いまでも心に焼き付いている体験があります。

ある晩、私が咳き込む息子を抱えて受付に行くと、受付の方は「受付表は私が書きますね」と言って代筆してくださっただけでなく、一刻でも早く診断を受けられるよう、診察室に走ってカルテを届けてくださいました。

またある看護師の方は、息子と私に「もう心配することはないですよ」「安心してくださいね」と声をかけて背中をさすって励ましてくれました。

ある医師は、私が働いているのを知ると、「お仕事をしているとなかなか病院に来ることができないので大変でしょう。頑張ってくださいね」と労ってくださりました。

このように〝患者側〟には、医療行為以外の言動が強く残るものなのです。

いまの時代、患者やその家族の感情を軽視していては、選ばれる医療機関に成り得ません。中世ヨーロッパの時代、自分の命を顧みず伝染病の病人の手当てをしたすばらしい精神を私たちは敬い続けるとともに、自分にできることを、まずは自分の周囲の方にして差し上げることが大切なのです。困っている人のことに気づくか、自ら進んで声をかけられるか、自分にできることをして差し上げられるか、それらを全力で行えるか。私は息子を病院に連れて行った際に、医師の方、看護師の方、受付の方の真摯な姿からこれらを学ばせていただきました。

前章で触れましたが、私は過去、死を覚悟するほどの大病を患ったことがあります。いまは回復して元気になりましたが、その際、私の命を助けてくださったのは医師であり、看護師であり、受付の方です。私は医療の世界に携わる皆さんを心から尊敬しています。だからこそ、医療の現場で「なんだあの病院、態度悪いな」という声が生まれることを非常に残念に思います。医療の現場はある意味、〝神の領域〟です。

これは、介護や福祉も同じことです。利用者やその家族は言葉に出さないまでも、自分で面倒を見ることができない状況を助けてくださり、お世話をしてくださる職員の皆さんに対し、心の底から感謝しています。医療、介護、福祉で働いている方たちこそ、「真の〈おもてなし〉の心」を持っています。

第5章

おもてなしを続けていくために必要なこと

42 「おもてなし」を続けていく秘訣

私は「おもてなし」セミナーを年間３００回以上行っていますが、セミナーを受けた後で受講者様から、「個人で〈おもてなし〉力を高め続けることが難しい」という声を聞くことが多くありました。やる気が続かないということはもとより、自分の「おもてなし」が客観的に見て上達したかどうか指摘してくれる人がいないという声も聞きます。「おもてなし」をする力を高めていくうえで、必要なことはなにかを考えてみました。

「おもてなし」を続けるための秘訣は一言で言うと、良質な「おもてなし」を体験して、上手な人の真似を繰り返していくことだと私は思います。

そこで、もっともっと「おもてなし」の魅力を学び、おもてなし力を高めたいという人たちの応援をしていきたいという思いから、非営利型の団体「一般社団法人日本おもてなし推進協議会」を立ち上げました。特に「おもてなし」に関する研究には力を入れており、全国各地のメンバーと共に年に数回「おもてなし」研究ツアーを開催したり、各地の「おもてなし」について情報交換を行ったりするなど、日本国内に限定せずに世界も含めて幅広く今後も研究をしていきます。

この「おもてなし」推進活動の一環として始めた「日本おもてなし推進協議会」のメンバーはさまざまな仕事に就いて活躍している素敵な方ばかりです。業種問わず、「おもてなし」の輪がこんなにも広がっているということはすばらしいと思います。

あるメンバーは、W杯期間中にアフリカを訪れたときのことを次のように話しています。

「食べることに困る生活をしているにもかかわらず、現地の人から昼食をごちそうになりました。感動してしまい、アフリカの人々の心の豊かさに圧倒されてしまいました……」

まさに**「心の豊かさとは、自分のことではなく、相手のことを考えるときに感じるものだ」**ということではないでしょうか。

このように、国内外問わず、心が動かされた体験なども話しています。

しかし、セミナーを受けたり、すばらしい「おもてなし」を受けて心を動かされたとしても、客観的に自分が成長していることが自分でわからなければ、続けるモチベーションは続かないのではないでしょうか。

そこで私は〝資格〟という目に見えやすい形で皆さんがご自身の成長を見えやすくするお手伝いをしようと考えました。この資格は**「おもてなし」を行い続けるモチベーションを保つためにもたいへん効果があります。**

資格のレベルは三段階に分かれています。

第一段階が「おもてなしエキスパート」、次の段階が「おもてなしスペシャリスト」、そして最上位が「おもてなしグランドマスター」となっています。

「おもてなしエキスパート」は、一言で言えば「相手を笑顔にすることができる人」です。相手を笑顔にさせるためには、もちろん自分自身が笑顔であることが大前提です。自分が笑顔でいるからこそ、相手から好感を持たれて、周囲からの評価が高まります。

「おもてなしエキスパート」となるためには日本おもてなし推進協議会が承認する講座を受講していただくことになります。

この講座の特徴は、受講中に「おもてなし」の効果を強く実感できることです。講座では、受講者同士がペアになり、日本おもてなし推進協議会が用意する「〈おもてなし〉を行う人が備えておかなくてはならない10のこと」を課題として実習を行います。

「おもてなし」ができる人かどうかをペア同士でチェックして、できていれば自分の相手を日本おもてなし推進協議会へ推薦（他薦）していただき、推薦を受けた方に「おもてなしエキスパート」の資格を発行しています。ペア同士は知らない人同士なので、実習は真剣そのもので、皆さん、一生懸命行ってくださいます。

次に、「おもてなしスペシャリスト」を一言で言えば、「またあの人に会いたいと思ってもらえる人」です。この資格を得た方は、地域や組織のリーダーとなって、皆さん大活躍されています。

「おもてなしグランドマスター」は、「生涯忘れられない思い出作りのお手伝いができる人」です。認定者は当団体の幹部になっていただきます。いまや「おもてなしエキスパート」「おもてなしスペシャリスト」の育成、「おもてなし」の伝道師として国内外で活躍されています。

これらの資格を得た方は、「私はお客様をもてなすスキルを持っています」と、自信を持って表明してくださいます。接客業の方は認定証をお客様の見える場所に掲示されますし、求職者の方は履歴書に記入して面接に臨まれます。また、ブログやフェイスブック、名刺や自分のプロフィールシートに「おもてなしエキスパート」、「おもてなしスペシャリスト」の資格について胸を張ってご記入される方も多く、「自分ブランド」にも磨きをかけていただいております。私どもとしては、とても嬉しいことで、資格を手にされた皆様のことを、頼もしく感じています。

また、当団体では全国を大きく3つのブロック（東日本ブロック、中日本ブロック、西日本ブロック）に分けています。特に中日本ブロックの富山では、「おもてなしスペシャリスト」が中心となり、ＯＳＴ（おもてなしスペシャリスト富山）として、積極的に地域活動に取り組んでいます。本当にキラキラと輝いている素敵な方ばかりで、日本を代表するおもてなし集団です。

学長兼メイン講師は、現在ブランディングの専門家として活躍されている篠原勤先生。私を導いてくださいました師匠です。先生の講座は大人気で、「自分ブランド」を磨きたい受講者に大好評です。

「おもてなし」の資格を得ることで自分に自信を持つことができ、誇りを持つことで自分自身を律するということに繋がります。これこそ、「おもてなし」を継続する秘訣にもなっているのです。

冒頭の「はじめに」でもおもてなしの効果の3つめとして、「モチベーションを高く保てることで、キラキラと輝きのある人生を手に入れられる」と書きましたように、**「おもてなし」が上手で素敵な人とは実は「おもてなし」を続ける習慣やしくみをうまく取り入れている人とも言えます。**

43 ポジティブさが「おもてなし」力をＵＰさせる

「おもてなし」を継続するためには「おもてなし」が上達していくことが必要です。それには、自分自身が常に前向きでいることが欠かせません。何よりもあなた自身のやる気に火をつけなければなりません。

「おもてなし」に限らず、自分は○○なタイプだから、もう歳だから、という理由をできない言い訳にしていないでしょうか。その気になれば、人は年齢や性格などは関係なく自分のなりたいようにいくらでもなれます。

ロンダ・バーンが書いた『ザ・シークレット』の中に「引き寄せの法則」という言葉が出てきます。自分の思考が人やモノを引き寄せる、つまりは自分と似たような人やふさわしい出来事が周りに自然と集まってくるという話です。もし、自分の周りにネガティブなタイプの人が多いと感じたら、いま一度、自分自身を見つめ直してみましょう。

「おもてなし」も実は同じです。前向きさを忘れずにいることが、「おもてなし」のスキルを高めるということを覚えておきましょう。

「おもてなし」を継続していくためには、自分自身のモチベーション（やる気）を保つ必要があります。ちなみにモチベーションとは、性格や資質とは異なります。湧き上がったり枯渇したりするものであり、会社や上司が与えてくれるものではありません。あくまでも個人の中に湧き上がってくるものです。

ちなみに、いつもモチベーションが高そうに見える人がいますが、そんなことはありません。モチベーションが低いときもきっとあるでしょう。単にモチベーションが低い状態にある時間が短いだけなのです。

では、低い状態を短くするためにはどうすればいいのでしょうか。それは、ポジティブシンキング……つまり「前向きさ」を持ち続けるということです。

たとえば、コップ半分の水をどう見るか。「もう半分しかない」と思うか、「半分も残っていてよかった」と思うか。

前向きな人というのは、「半分も残っていてよかった」と思うことができる人です。幸せの価値観はそれぞれですが、幸せを感じられる人は、このように前向きな人ということです。

あなたは、いつも陰口、悪口、不平不満ばかり言っているグループと明るくワイワイ楽しくしているグループ、どちらの方に行きたいですか。もしくは、自分自身の周りにどちらのタイプの人が多いでしょうか。もし自分の周りが不平不満ばかり言っているのであれば、もしかするとあなた自身も同じかもしれません。いま一度周囲を見回してみましょう。

人は、前向きな人のところに行きたいのです。

勇気や元気、癒しや安らぎ、楽しさを味わいたいのです。

だからこそ、「おもてなし」をする人はポジティブ「前向き」に努めなければならないのです。

ではポジティブでいるためにはどうすればいいのでしょうか。それは**「発する言葉に気を付けること」**です。

江戸時代、商売をする人たちは縁起の悪い言葉を発しないように注意をしていました。

理由は「言霊《ことだま》」です。

「言霊」とは、言葉に宿っていると信じられていた不思議な力のことで、発した言葉どおりの結果を現す力があるとされていました。だからこそ、前向きな言葉を発さなければならないのです。

ちなみに私も、自分の手帳にモチベーションを高める前向きな言葉、好きな言葉を書き込んで、落ち込んだときや失敗したときなどに見ては元気を出しています。

過去、自分の心に響いた言葉を書いているので、落ち込んだときなどに見て声に出すと、過去の自分に励まされているような気分になります。

人はずっと成功し続けることはできません。失敗して落ち込んだり、疲れてやる気が失せたり、悲しくなることもあります。

だからこそ、**自分で自分を励まさなければならないのです。**

前向きにならなければ「おもてなし」を継続することができないからこそ、自分でモチベーションを高め、前向きな気持ちにさせることを自ら行うのです。

与えられた状況の中で、自分自身でモチベーションを高め、楽しく過ごすことができる前向きな人は、幸せを感じることができます。

幸せだからこそ笑顔にあふれ、明るい雰囲気が人を引き寄せることができるのです。ポジティブシンキングでいつも自分自身を幸せな気持ちにさせることが、「おもてなし」を継続させるために重要なことを忘れてはなりません。

44 耳の痛いことを言ってくれる師を大事にしよう

新人で仕事の経験が浅いとき、上司などから注意や指摘を受ける場面が多々あると思います。

しかし、年を重ね、経験を積んでいくと、指摘してもらえる機会は少なくなってきます。特に女性は男性に比べて感情が出やすいので、言う前に「不機嫌になりそう」と判断されがちで、年をとるたびに指摘される回数が少なくなります。

誰からも指摘されなくなってくると、自分自身がよいのか、悪いのか、だんだんわからなくなってきます。「井の中の蛙」状態になるということです。

そして、周囲が言っても聞かず、機嫌も悪くなるから放っておこう、ということになり、いわゆる〝お局様〟のように「組織で煙たがれる存在」となってしまいます。

周囲が誰も何も言わない、言えない、腫物に触るような状況を、自分自身が作り出してしまうのです。

人は傷つきたくない、否定されたくない、という気持ちが必ずあります。しかし、いまの自分にできることだけをしていたら、「おもてなし」のスキルはもちろん、人間的な成長も見込めません。**耳の痛いことを言ってくれる「師」の存在が不可欠**なのです。

実は私もそうでした。ある程度自信がつき、人の意見に耳を傾けなくなった時期に師匠から大変厳しい指摘を受けました。自分を否定された恥ずかしさや悔しさで頭に血が上るような思いをしましたが、冷静に考えてみれば師匠の指摘通りで、自分に過信や慢心があったことを反省したものです。指摘されて悔しいという気持ちもまた、自分のさらなるやる気に繋がったことも事実です。自分のために耳の痛いことを言ってくれる「師」の存在は、いまとなっては本当にありがたいことだと思っています。

耳の痛いことを言ってくれる人は、実は自分を心配し、応援してくれる人でもあります。自信がなくなったときには、背中を蹴飛ばして、火をつけてくれたことにいまでも感謝するようにしています。

何度も言いますが、特に女性は、年を重ねることに周囲から何も言われなくなっていきます。だから、「耳の痛い話をしてくれる師」の存在が貴重であり、それこそが、自分自身の成長に繋がります。自分自身を成長させていくことによって、高い人間性が身につくのです。

「私は〈おもてなし〉ができる！　上手だ！」と思った時点で、〝自分本位〟になっていることに気づきましょう。「おもてなし」は〝相手本位〟ということを知っていれば、おのずと対応が変わってくるはずです。まだ自分の知らないタイプに出会っていないだけかもしれないのです。

常に〝相手本位〟という視点を持てるよう、「時にはしっかりと耳の痛い話をしてくれる師」を探してみてはいかがでしょうか。

45 常に自分が「師」だったらの視点を持つ

「耳の痛い話をしてくれる師」の存在が、自分自身の成長に繋がることをお伝えしました。

しかし、周囲に「師」が見当たらない方もいらっしゃるかもしれません。そのような場合は、自らが師の視点を持つことが大切です。

マザー・テレサの言葉に、次のようなものがあります。

「人を導いてくれる人を待ってはなりません。あなたが人々を導いていくのです。師が見当たらなければ、自分が師の視点で行動しなければならないのです」

「説教して聞かせても、それは人と触れあう場にはなりません。ほうきをもって誰かの家をきれいにしてあげてごらんなさい、その方がもっと雄弁なのですから」

自分が言葉を発さなくても、行動して見せることが、何より相手に伝わるということをマザー・テレサは教えてくれます。

もし、部下のいる方で、いままで「師」と呼べる人に出会ったことがない人は、自ら「師」の視点を持ち、何よりもまず行動することです。

また、古代ギリシャの哲学者アリストテレスはこう言ったそうです。

「私たちが何者であるかは、私たちが何を繰り返し行ったかで決まる。だから、卓越とは才能ではなく、訓練と習慣の賜物である」

これも行動することのすばらしさを伝えています。

このように、周囲に「師」が見当たらなければ、歴史上の偉人や憧れの人を探して真似していけばよいのです。

老舗の語源にもありましたが、「よいものは真似る」ということです。「師」の視点とは、常に**「自分で憧れられる人を目指せる」**ということです。言い方を変えますと、「自分を真似させることがうまい師」ほど優れた指導者なのです。

また、女性の憧れのブランド「シャネル」の創設者であるココ・シャネルの言葉にこんな言葉があります。

「美しさは女性の〝武器〟であり、装いは〝知恵〟であり、謙虚さは〝エレガント〟である」

女性ならば、心に響く方も多いと思います。憧れられる人を目指していれば、たとえ自分自身が評価されなくても、裏方の仕事をしても、耳の痛い話をしてくれる師がいなくても、自分自身を律することができるのです。

私は心に残った言葉を手帳に書き留めていますが、憧れられる人を目指すためには、自分自身を奮起させ、行動を起こさなければならないのです。

心を奮い立たせたいときは瀬戸内寂聴さんの言葉が響きます。

「生きるということは、死ぬ日まで自分の可能性をあきらめず、与えられた才能や日々の仕事に努力すること」

「情熱のきれっぱしではろくなものはできません。本当に死に物狂いになったらできます。そのかわり、一生懸命にならないとできない。情熱の一部なんかではできない」

最後に再び、マザー・テレサの言葉を紹介します。

「思考に気をつけなさい、それはいつか言葉になるから。
言葉に気をつけなさい、それはいつか行動になるから。
行動に気をつけなさい、それはいつか習慣になるから。
習慣に気をつけなさい、それがいつか性格になるから。
性格に気をつけなさい、それはいつか運命になるから」

46 昔からの「場」を大切にする

私は神社、仏閣、日本庭園を巡るのが大好きです。

朝一番の清々しい空気に、見事なまでに敷地内が掃き清められ、整然としている空間にいるだけで背筋が伸びるような感覚を得られるからです。

整理・整頓・清掃が徹底され、細部にまで気くばりがされている何とも言えない心地よさは、まさしく〝凛とした空間〟です。

この空間、つまり「場」というものは日本人にとって大切なものです。

ソチオリンピック・男子フィギュア金メダリストの羽生結弦選手が氷上のリンクに一礼する姿が大きな反響を呼んでいました。私も常々、仕事をするセミナー会場など、「場」に対して礼を払うことを疎かにしないように気をつけています。

「おもてなし」の心には、神道・仏教・儒教に通じるものが多くあります。

たとえば、仏教用語に「無財の七施」という言葉があります。

眼施《がんせ》……優しい眼差しを向けること
和顔施《わがんせ》……人に対して笑顔で優しく接すること
身施《しんせ》……自らの体を使って奉仕すること
牀座施《しょうざせ》……座席や立場を他の人に譲ってあげること
房舎施《ぼうしゃせ》……自宅に人を迎えて休んでもらったり、雨露を凌いでもらったりすること
愛語施《あいごせ》……愛のある思いやりのある言葉を言うこと
心施《しんせ》……思いやりを持って心を込めて接すること

これらはすべて「おもてなし」の心に通じます。

「おもてなし」はお金をかければかけるだけ、いろいろなことができます。一方で、お金がなくても、無財で相手に施すことができるのです。

子どもの頃から、親や先生に躾として教えられてきたことでもありますが、元来、

日本人に受け継がれている「おもてなしの心」は、特定の宗教に属していなくても、時を超えて脈々と受け継がれています。

このように、日本人としての精神美を感じる気持ちを持っていることで、凛とした美しさがにじみ出るものなのです。

ちなみに、私が経営している会社の名前は「株式会社さくらコミュニケーションズ」です。

〝さくら〟は日本の国花で、花言葉は、「精神美」「高尚」「よい教育」。このさくらが持つ言葉の意味に共鳴して社名としました。

美しい心を持ち続けること、そしてこの精神を多くの人々に伝えていきたいという信念で会社を立ち上げました。だからこそ、「おもてなし」の心が大切だと、繰り返しお伝えしているのです。

また、凛とした佇まいは、身のこなしや正しい姿勢、身だしなみからも感じることができます。

身だしなみを整えることは心も整えます。華美な格好ということではなく、清潔感のある身だしなみが大切です。仕事に対する姿勢や、誠実さ、相手を大切する気持ちを、身だしなみを通じて伝えることができます。

「おもてなし」を行い続けるためには、この「凛とした美しさ」である、整理・整頓・清掃と日本人としての精神美、心を整えることができる身だしなみを、心がけることが大切なのです。

47 ストレスコントロールで心のバランスをとろう

「おもてなし」を継続するうえで、ストレスコントロールを行うのは最も重要なことです。

現代はストレス社会と言っても過言ではありません。

日本人のストレスの要因は対人関係だと言われています。誰もがストレスを抱えながら生きているのです。

仕事をするうえで、自分が悪くなくても、謝らなければならないことがあります。組織を代表して謝ることもあれば、お客様に八つ当たりされてしまうこともあります。

そのとき、ストレスを抱えていたらどうでしょうか。

調子のいいときは我慢できても、ストレスを抱えていることで、受け入れることができず、表情や態度に出てしまうことになるかもしれません。周囲やお客様を喜ばせたいという「おもてなし」の気持ちにもならないのではないでしょうか。

ちなみにストレスが増すと、免疫力が低下して病気にかかりやすくなります。よく風邪を引くようになったと感じたら、もしかしたらストレスで免疫力が低下しているのかもしれません。免疫力を高めるにはさまざまな方法が紹介されていますので、ぜひ日頃から気を付けていただきたいと思います。

〈代表的な免疫を高める方法〉

①　規則正しい生活
②　バランスのよい食事
③　適度な運動
④　体を冷やさない
⑤　よく笑う

特に、「よく笑う」ことは大事です。

これは免疫を上げるためだけではなく、「おもてなし」の大前提でもあります。

よく知られているのは、笑った後にナチュラルキラー細胞（ＮＫ細胞）が増加することを実験した岡山県柴田病院の伊丹仁朗医師の研究です。

ＮＫ細胞というのは、腫瘍やウイルス感染を拒む役割があり、大変重要な細胞だと言われています。この細胞が、「笑みや作り笑い」だけでも増加するというのです。

たくさん笑っていれば、ＮＫ細胞が活発化し、日本人の最大死亡原因であるガンにもかかりにくくなるそうです。

また笑いには、生理的な効果もあるそうです。笑うと、心筋の運動と行動が活発になり、体の隅々まで十分な酸素が運ばれます。落語を聞いて笑った後に、リウマチの痛みが減ったという研究もあるほどです。

嫌いな人に笑顔を見せたくないという人がよくいますが、嫌いな人に嫌な顔をしていては、自分自身の免疫力が低下して病気になる可能性があると考えてみてはいかがでしょうか。

嫌いな人が多いと、それだけ自分の健康が損なわれてしまうということですから、

笑顔でいたほうが得ですよね？

日頃、感情のバランスが不安定な人は気づかないことが多いですが、不機嫌そうに仕事をしている自覚のある方は、自分自身の機嫌をよくする努力、ストレスコントロールをしなければ、お客様からの支持を得ることはできません。

自分自身の免疫力が低下して病気になるというリスクを覚悟しなければならないことを知っておきましょう。

笑顔は、相手との関係を築くうえでも、自分自身の心身の健康にとっても、大切なことなのです。

48 世界から見た日本の「おもてなし」

２０１２年『ＪＮＴＯ国際観光白書』によると、日本を訪れる外国人旅行者数は世界ランキングで33位でした。観光における外国人の受け入れについては、まだまだ日本は発展途上ということです。

ちなみに、**世界で最も外国人旅行者を受け入れている国はフランス**です。フランスは個人主義の国ですが、これは「人に迷惑をかけない」というのが大前提です。自分も人から干渉されたくありませんし、人にも干渉しません。お互いの個人生活を尊重しようという文化なのです。

個人主義という言葉からは少し冷たい印象を受けるかもしれませんが、そうではありません。「自分を大切にしているからこそ、他人を大切にする」という精神が根底にしっかりと根づいているのです。

ちなみに、フランスでは日本のような中元・歳暮などの贈り物の習慣がありません。代わりに、大切な人を自宅に招待し、楽しい会話をして心のこもった料理を振る舞うのが、最高のプレゼントであり、「おもてなし」とされています。

また、フランスは古いものを大切にする国民性で有名です。何百年もの月日を経て代々その家に受け継がれている建物や家具、食器を磨きあげる、物を大切にする精神は、人との付き合い方にも共通しているように思えます。

これはまさしく「見えないもの」を大切にする、古きよき日本の伝統文化にも相通じるものといえるでしょう。

しかし、いまの日本人の多くは、「見えないもの」に気づかなくなっていたり、大切に思わなくなっているのでは、と危惧しています。

私たちが日本で平和に暮らせるのは、戦死した方たちの多くの犠牲があってのものだということを忘れてはいけないのです。

日本人の誇りとは、個人の誇りではありません。国の発展のため、そして何より自分たちの周り、家族や大切な人のために、自らの命に代えて守ってもらった過去の人たちのことを、現代に生きる私たちが目を反らして見ないわけにはいきません。

沖縄に私が厚い信頼を寄せている方が２人います。日本おもてなし推進協議会の石原地江特別顧問と具志堅アメリア国際顧問です。この２人から、戦前の日本人が世界から尊敬されていたことを教えていただきました。

日本統治時代の台湾で、農業水利事業に大きな貢献をした八田與一《はったよいち》氏は、台湾では大変有名な人物です。台南県の烏山頭《うさんとう》に、先進的なダムを精力的に作り上げ、現在でもその灌漑システムはその一帯の農業に貢献しています。

このような日本人がいたからこそ、東日本大震災でもいち早く台湾が支援を表明してくれたのです。世界には「親日」と言われる、日本を尊敬するたくさんの方がいます。私たちの先輩である日本人がこのように世界各国で尊敬されることをしてきたからこそ、「親日」と呼ばれる方がいるのです。

大正10年から昭和2年にかけて日本駐在仏大使を務めたポール・クローデルは、昭和18年秋、パリのある夜会に招かれ、次のようにスピーチしました。

「私がどうしても滅びてほしくない一つの民族があります。それは日本人です。あれほど古い文明をそのままにいまに伝えている民族は他にありません。日本の近代における発展、それはたいへんめざましいけれども、私にとっては不思議ではありません。日本は太古から文明を積み重ねてきたからこそ、明治になって急に欧米の文化を輸入しても発展したのです。どの民族もこれだけの急な発展をするだけの資格はありません。しかし、日本にはその資格があるのです。古くから文明を積み上げてきたからこそ資格があるのです」

そして彼は、最後にこう付け加えました。

「彼らは貧しい。しかし、高貴である」

「高貴」、まさに「凛とした美しさ」です。

戦前の日本人が世界から尊敬されているエピソードは他にもたくさんあります。日本人の誇りですし、日本人が忘れてならない精神がそのエピソードには色濃く残っています。

平和で物質的にも恵まれている現代の日本人の**「見えないもの」への気づく力が弱**

くなっているからこそ、日本の国際的な評価が高まらないのではないでしょうか。

２００８年の主要国首脳会議（洞爺湖サミット）で「おもてなし」が肩透かしを食らったという出来事がありました。日本経済新聞から抜粋して紹介します。

「主要８カ国（Ｇ８）首脳の直接訪問は相次ぎ不発。主会場のお膝元の温泉街で連夜開かれている盆踊り大会は外国人宿泊客の〝欠席〟が目立つ。多忙な日程などやむを得ない事情も絡むだけに、関係者らは盛り上がりを欠く交流行事に思案顔だ。『浴衣約２０００着を揃えたけど……』と、洞爺湖町の職員は苦笑する」

残念ながら「日本のおもてなし」が世界に通用しなかった出来事でした。日本側としては「日本の伝統文化である盆踊りを見て、浴衣を着てぜひ一緒に体験してください」という「おもてなし」でしたが、すべてが「モノ」ありきだったのです。

外国人にとって浴衣とはいわゆる部屋着やパジャマのことです。「さぁ、あなたもパジャマ姿になり、路上で一緒に踊りましょう」と言われても、外国人にしてみたら非礼であり〝異常〟です。「恐怖のおもてなし」として外国人の間で伝説になってしまったわけです。

「おもてなし」とは、その国の価値どころか、その国の力と直結して、その国の将来を決めてしまいます。日本の国力が低下しているいまだからこそ、政治家や外務省だけではなく、私たち一人ひとりが「おもてなし」の影響力を、真剣に考えなければいけない時期に入っているのではないでしょうか。**個々の「おもてなし」の向上が、最終的に国の発展に繋がり、将来の子どもたちの財産となるのです。**

江戸時代から「商家は女次第」と言います。「おもてなし」の力を日本の財産にするのであれば、女性の力が不可欠です。

これからも世界から尊敬される日本であるために、日本人の誇りを忘れずに、皆さんとともに次の世代につなげていきたいです。

49

お茶が教える「おもてなし」の心

「おもてなし」をするうえで、参考になるのが「お茶」です。

千利休の教えに「四規七則」というものがあります。

四規とは「和《わ》敬《けい》清《せい》寂《じゃく》」の精神で、「他者を思いやり、大切にすること」を基本にしています。

和……お互いに仲よくすること

敬……お互いに敬いあうこと

清……見た目だけでなく心の清らかさのこと

寂……どんなときにも動じない心のこと

七則とは、「他人に接するときの７つの心得」です。

茶は服のように点て
炭は湯の沸くように置き
冬は暖かく夏は涼しく
花は野にあるように入れ
刻限は早めに
降らずとも雨具の用意
相客に心せよ

「心をこめて・本質を見極め・季節感を大切に・いのちを尊び・ゆとりをもち・準備を怠らず・互いに尊重する」ということです。

七則とは、茶の湯を学ぶ人にとって基本となる心得で、「茶の湯の極意を教えて欲しい」と尋ねられた千利休が答えたことをまとめたそうです。

ところが、その答えが当たり前のことすぎたため、教えてほしいとお願いした人が「そんなことは誰でも知っています」と言ったところ、千利休は「この心に適う茶ができるのであれば、あなたの弟子になりましょう」と言ったそうです。

茶道というと、どうしても型苦しい印象が先行してしまうかもしれませんが、学ぶ精神はごく「当たり前のこと」です。ある意味、「人として当たり前のこと」と言えるかもしれません。

私は長年茶道をたしなんでいますが、茶道では最初に「他者に対する思いやりが大切であること」を学びます。

たとえば、稽古の際、茶菓子の準備は最後に行います。これは、茶菓子をお出しする際、乾かないようにしておくためです。まさに他者に対する思いやりです。

お茶をいただいたり、道具を拝見したりする際には、隣に座っている方に必ず「お先に」と声をかけます。これも他者に対する思いやりがもとになっています。まさしく「思いやり」の精神です。

また、茶会では、正客（メインゲスト）が代表して亭主と会話をします。

基本的に正客は茶の湯に精通しているのですが、床の掛け物の読み方や道具の由来など、知っていることでもあえて亭主に尋ねます。これは、茶の湯に詳しくない他のお客様に楽しんでいただきたい、茶会の準備をしてくれた亭主に感謝の気持ちを伝えたい、という思いやりから生まれています。

また、茶道には次のような心得があります。

「あなたと出会っているこの時間は、一生に一度きりのものです。だから、一瞬一瞬が大切であることを肝に銘じてください。相手のことを真剣に思い、いまできる最高の〈おもてなし〉をしましょう」。

これがまさに「一期一会《いちごいちえ》」です。

茶道の精神は、時を越えて、いまなお多くの大切なことを私たちに教えてくれます。

利休は、人として備えていなければならない当たり前のことを教えるために、人と人が向き合える「茶の湯」を大成させたのではないかと、私は思っています。

人は必ず死を迎えます。自然災害や病気、事故など、自分の命が永遠に続く保障はありません。だからこそ、いま生きているこの時間を大切に生きるのです。また、自分と同じように、一緒に生きている目の前の人の時間も大切にしなければなりません。世界の人口が70億人を超えたいま、人と出会うことは〝奇跡〟とも言えます。だからこそ、縁あって出会う人を思い、大切にするのです。今日会ったからといって、次また会えるとは限りません。もう二度と会えないかもしれないのです。

人間の死亡率は100%。

この当たり前の事実に改めて向き合うことで、周囲の人はもちろん、いま、目の前にいる人に対しての向き合い方に変化が生まれてくるのではないでしょうか。人との出会い、お客様との出会いはまさに「一期一会」なのです。

50 チームの「おもてなし力」が大きな差を生む

「おもてなし」を続けるためには単独では成り立ちません。チームワーク力を高めることが、継続するための心構えにもなりますが、効果も大きくなります。

私は「おもてなし」の研究家でもありますが、歴史上の人物で、群を抜いて「おもてなし力」に秀でていたのは、第1章でも紹介した豊臣秀吉です。

主君である織田信長の草履を懐に入れて温めた逸話がある通り、目くばり、気くばり、心くばりのおもてなしを武器に、天下を統一したと言ってもいいくらいです。

では、その「おもてなし」を行い続けた秀吉が特に心がけていたことが、**まさしく「チーム力」です。**

この秀吉のチーム力をいまに伝える逸話があります。

1588年、毛利輝元は関白となった秀吉に初めて謁見することになりました。彼は身の危険を覚悟して向かったのですが、家臣の記した『輝元公上洛日記』には、上洛中に秀吉から心づくしのおもてなしを受け、不安が氷解していく様子が記されています。

秀吉が九州、四国を制圧し、残すは関東の北条氏のみとなったとき、中国地方の大名である毛利氏も、秀吉に服従せざるを得ない状況でした。毛利氏は、織田政権時代から秀吉と何度か戦をして、長年敵対関係にありました。上洛すると輝元が殺される恐れもあったため、反対する者も多くいましたが、毛利氏が生き残るには秀吉に従うしかないと決意しました。

輝元は大変な不安と緊張の中、大家臣団を従え、船で、拠点となる安芸国（いまの広島）を出発しました。秀吉の直轄地の兵庫に近づくにつれ、輝元の緊張は高まりました。しかし、輝元の姫路の宿所に、秀吉の家臣の使者が次々と土産物を持参し訪れ、歓迎したのです。

大坂に到着した際には、重臣・黒田官兵衛が自ら出迎え、大坂の宿所にも、秀吉の重臣の使者が次々に訪れ、輝元を歓迎しました。大坂から京都へ陸路で向かう際には、官兵衛が案内役として付き添い、途中でも秀吉の家臣が待っており、輝元は豊臣家の諸大名を引き連れる形で上洛することになりました。結果、西国の雄・毛利氏にふさわしい上洛で、輝元自身も自信と誇りを持つことができたのです。

さらに京の輝元の宿所には、数々の大名小名が土産物を手にあいさつに訪れました。秀吉の邸宅である聚楽第《じゅらくだい》に呼ばれ、秀吉に謁見した後は、秀吉や列席の大名たちとの宴会に呼ばれました。また別の日には、聚楽第で秀吉自らがお茶を点てたと言います。

結局、輝元は1か月半、京に滞在しましたが、その間、秀吉は輝元のために多くの公家や茶人と引き合わせ、また食事にも困らないように各大名や茶人に命じ、毎朝誰かが輝元を家に招き、朝の茶会を行うように取りはかりました。秀吉のお成りの行列を迎えた輝元に、秀吉自ら声をかけたり、月見に誘ったりしました。

また滞在中は、黒田官兵衛が案内役としてエスコートし、輝元が安芸に帰る際には官兵衛自身が兵庫・明石まで見送りに行ったということです。

このように輝元に対し、至れり尽くせりの「おもてなし」を行い、輝元はすっかり秀吉に心酔し、家臣となりました（参考：二木謙一著『秀吉の接待』学研パブリッシング）。

「おもてなし」とは、〝こちらの意図を実現するための接待〟です。

秀吉の意図は、「天下を統一するために、毛利を従わせること」でした。それを実現するために、毛利氏に対して数々の「おもてなし」をしていたということです。毛利氏は、「こんなにも自分が大切にしてもらえるなんて」と、大いに驚いて、喜んだことでしょう。

一方で秀吉は、毛利氏への「おもてなし」によって、同じく秀吉が従わせたいと思っていた小田原の北条氏に心理的揺さぶりをかけていたとも言えます。

秀吉は、実に1か月半もの間、毛利氏を「おもてなし」したのです。まるで竜宮城状態です。それを聞いた北条氏はおそらく、「毛利までも秀吉のもとに従うのか……」と、さぞかし苛立ちを覚えて精神を消耗させたのではないでしょうか。

毛利の上手をとりながらも北条の上手もとる、恐るべき戦略です。

また、秀吉がもてなし上手だと感じるのは、すでにもてなしを受けたであろう大名小名を「チーム秀吉〈おもてなし〉軍団」として毛利氏のもとに送り込んだことです。

毛利側としては「こんなにも秀吉の味方がいるのか……」と、圧倒的な力を見せつけられることになり、秀吉側についた方が得策だと考えざるを得なかったと思います。ですから、軍師の官兵衛が先頭に立ってもてなしたのでしょう。これはまさに、「おもてなし」という戦術で挑む戦と言えます。

現代において「おもてなし」を継続させるために見習うべきことは、秀吉のように大勢の大名小名を巻き込んで「おもてなし」を行うことです。

冒頭でお伝えした通り、「おもてなし」には、チーム力が大事です。

一人でできることは限られています。人は大勢にもてなされると嬉しいですし、もてなす方のチームとしてもブランド力が高まります。これは現代にも通じる「おもてなし」です。

毛利をもてなした大名小名自身、きっと楽しかったと思います。何でもそうですが、一人でするよりも、みんなで行った方が、楽しいからです。楽しいことは、大勢の人が集まり、活性化するのです。

日本を明るく、華やかで元気にするためにも、**全員で「おもてなし」に取り組むこ**

とが、「おもてなし」を継続するための心構えになるのです。

チームワークで「おもてなし」を行った事例としては、2020年東京オリンピック・パラリンピックの招致です。

競技団体や経済界、政官界が一丸となってJOC招致委員との信頼関係づくりに奔走したことが招致を決定づけたことは言うまでもありませんが、何と言っても注目は、プレゼンチームの最終スピーチでした。

プレゼンターの懸命な姿に驚いた方も少なくないのではないでしょうか。彼らの想いが情熱的な身振り手振りとなり、いままで目にしたことがないようないきいきとした姿は、見る者の心を揺さぶりました。次のスピーカーにハイタッチしてエールを送る様子は、実に感動を呼ぶものでした。〝チームニッポン〟として一致団結している姿が全世界に発信され、本当にすばらしかったです。これはまさしく、単独プレイではなく、チームワークで結果を出した成功事例と言えるでしょう。

51 キラキラと輝きのある人生となるために

いまでこそ「おもてなし」セミナーの第一人者として多くの方から依頼をいただいている私ですが、元々は〝自分本位〟でものを考える人間でした。自分都合で行動する典型と言ってもいいかもしれません。いま思えば、周囲にあまりいい影響を与えていなかったと思います。

そんな自分が変わることができたのは、大病を患って、九死に一生を得て回復し、入院生活を余儀なくされたことがきっかけでした。客観的に自分自身を見つめ直す時間ができたことで、「このままの自分でいいのか」と愕然としました。「これからどんな風に生きていこうか……」と模索しているときに、師匠がお見舞いに来てくださり、一歩前に踏み出すことができたのです。

お見舞いに来てくださった師匠は私に、「これからどうするの」と尋ねました。

退院した後、組織で働く気になれなかった私は、「自分の会社を立ち上げたいです」と話しました。当時はいまのようにやりたいことに対する具体的なイメージもなく、あえて言えば「会社を立ち上げる」というくらいでした。思い返すと、何でもよかったのかもしれません。

しかし、ありがたいことに、師匠は私と一緒になって、どのようなことが私に向いているか、考えてくれたのです。


そして、こうも教えてくれました。

「あなたが教育担当者になれたのは、優秀だったからじゃない。人の言うことなんかまったく聞く耳を持たない劣等生だったからこそ、できない人のことが理解できるのでしょう。だからこそよい先生になれる。あなたが変わったのだから、他の人も変われるのです。きっとよいお手本になれますよ」

師匠の言葉にあるように、私も当時、「おもてなし」ができる人ではありませんでした。しかし、**「できない」からこそ、「できる」ようになるために謙虚になり、受講生の方とともに学ぶことができます。**

その気持ちを汲み取った私に師匠は「おもてなし」セミナーを行ってみてはどうかと提案してくれました。

このように、師匠が研修会社の立ち上げを後押ししてくれたことが、起業のきっかけです。

そして、師匠は、経営者としてはもちろん、人としてどうあるべきかを教えてくれました。**「まず、目の前の人を大事にする」**ということです。

目の前の人を大事にするためにも、私は、自分の力になってくれる人がほしいと思い、いまの弊社の取締役である上田弥生さんに声をかけました。

彼女は私が老舗に勤めていたときの後輩であり、創業時の功労者です。会社が軌道に乗る前の辛いときも、一緒に頑張ってくれました。常に私を心配してくれる、笑顔がステキで、明るくて優しくて、会社の誇りとも言えるキラキラした人です。

上田さんが私にしてくれた「おもてなし」で、いまでも忘れられない出来事があります。

会社を立ち上げたばかりの夏の頃でした。炎天下の屋外で大汗を流して仕事を終えた私に、上田さんが「お疲れ様でした！」という笑顔とともに、冷たいおしぼりを差し出してくれたのです。

彼女はその日自宅を5時に出ていましたので、日中の熱くなる時間に用意しておくためには、前日に行うか、朝早く来て準備するしかありません。後で聞いたところ、彼女は実に「朝3時」に起きて、保冷剤とともにおしぼりを用意してくれていたというのです。

私のことを考え、小さな仕事にも誇りを持って取り組んでくれている彼女の姿に、目頭が熱くなりました。最高の「おもてなし」を受けた私が、感謝の気持ちでいっぱいになったのは言うまでもありません。

そんな彼女の人生を、応援したいと思う気持ちが芽生えたとき、元々〝自分本位〟でしか考えられなかった私が、変わるのを感じました。自分以外に心を寄せる、〝相手本位〟の意味が理解できるようになったのです。

師匠は常に、「本人はもちろん、その家族も大切にするように」というのが教えでしたので、会社が軌道に乗り始めた頃、彼女とそのお母様を海外旅行に招待できたときは、ここまで会社が成長できたのかと感無量でした。

師匠は相手の長所を見つけて伸ばし、常に人のため、自分以外の誰かのために行動しています。師匠の周りはいつも笑顔で、大勢の人が集まり、とても華やかでキラキラしています。

私の場合も、「おもてなし」人である師匠の存在があり、導いてきてくださったからこそいまの私が存在します。自分以外の相手のことを考えること。人をほめること、人を守ることの大切さを自らの行動で示して教えてくださいました。だからこそいま、私の人生はキラキラと輝いていると断言できます。そして、この本を読んでくださった皆さんにも「おもてなし」の効果で自分の人生を輝かせて欲しいと願っています。

先ほども書きましたが、「おもてなし」は、決して一人では成し得ません。働く人同士がギスギスしている職場や、一緒に働く仲間を大切にする意識が薄い組織や会社がありますが、論外です。**働く人同士がお互いを尊重し、思いやりや親切心を持ち合うことこそ、外部の方をもてなす基盤だからです。**

そして、自分だけよければいいと思っている〝自分本位〟の姿勢では、決してキラキラした人生を送ることができません。だからこそ〝相手本位〟の姿勢である「おもてなし」を学ぶのです。

仕事を通じて私たちは成長します。いい加減に仕事をしていては、決して楽しくありません。一生懸命取り組むからこそ楽しいのです。どのような業種に就くにせよ、お客様や会社の上司、一緒に働く人同士、「おもてなし」をひとつのチームとして行ってみてください。難しいことを考えずに、まずは、ニッコリ微笑み、笑顔を周囲に見せましょう。楽しいから笑うのではなく、笑うから楽しくなるのです。

自分自身のことだけでなく、自分以外の誰かを思い、勇気を持って行動をしてみてください。必ず周囲の人からの「ありがとう」という声が積み重なっていきます。そして、自分の人生が好転していくことが実感できるはずです。

働くことは生きることです。「おもてなし」をして、一度きりの人生を悔いることなく、みんなで一緒に歩んでいきましょう。

おわりに

私は、「女性が活躍できる社会を作り、キラキラと輝く人生となるように応援したい」という思いで起業しましたが、この本を書き終えて強く実感したことがあります。それは、**輝く人生というものは、自分一人では決して成りえない**ということです。

〝師匠〟であり弊社会長の篠原勤様。私を育ててくださり本当にありがとうございます。これからもご指導お願い致します。自分の誕生日でさえ私のことを一番に優先してくれる弊社取締役の上田弥生様。これからも私の一番側にいて支えてください。どんなお願いでも対応してくれる弊社役員の出森かよ様。ずっと頼りにしています。創業当時から応援してくださる弊社礼法顧問の吉田由美子様。心から感謝しています。

師匠のお弟子さん。斉藤様、松村様、井上様、高橋様、横地様、小林様、関様、榎並様、六鹿様、東條様、西脇様、岡部様、山本様、松木様、市澤様。一般社団法人日本おもてなし推進協議会が誇る顧問・理事・副理事の皆様。内田様、山下様、大倉様、田辺様、石原様、具志堅様、松本様、橋本様、上田様、西濱様、小笠原様、南様、牧様、桑原様、谷本様、村井様、長田様、深山様、窪田様、遠藤様、平川様、小林様、高井様、酒井様、久我様、西中様、古野様、北川様、北岡様、藤田様、池田様、荻原様、笹倉様、奈良様、林様、斎藤様、佐藤様、古崎様、山中様、

保坂様、森川様、村山様、小森田様。当協議会命名の人気者「おもてなしお」こと河田君。日本のおもてなし力を高めていくには皆様の力が絶対に必要です。末永く宜しくお願い致します。

温かく強く支援してくださる全国のクライアント様。甲斐様、竹本様、仲介してくださった島田様。寺岡様、友田様、橋本様、岡様、西様、津布久様、浦辺様、飛河様、児玉様、仲石様、山内様、古田様、岩崎様、谷口様、岩井様、臼井様、片野様、空様、中原様、田上様、永井様、石川様、大内様、上川様、樋口様、高橋様、濱住様、山名様、有賀様、渡辺様、望月様、加治木様、村中様、濱崎様、百塚様、茶木様、福島様、山下様、西村様、秋岡様、佐々木様、池端様、日下部様、松浦様、得永様、村上様、弊社上田のカメラの師でもある中山社長、言葉で表しきれないほど感謝しております。

日本で初めて「おもてなし連続講座」を開催してくださった熊本商工会議所木下様、原田様、中島様、松平様。日本の大企業で初めて全従業員おもてなし集団化を進められた九州産交ランドマーク株式会社 嶋津社長、松原様、池本様、福田様、津田様、上杉様、近藤様、仲介してくださった渡邊様。私に「おもてなし手品」を教えてくださる川田先生、御恩は生涯忘れません。ご依頼させていただいた講演を快諾してくださった加賀屋 小田禎彦会長、服飾研究家 市田ひろみ先生、旭山動物園元園長 菅野浩先生、益子焼やまに大塚 大塚社長・大塚専務、オリエンタルランド元理事竹内様、スパリゾートハワイアンズ坂本顧問、ユニバーサルスタジオジャパン田中役員、山本小屋ふる里館小澤社長、鹿児島県観光プロデューサー奈良迫様へ心から御礼申し上げます。

そして、情熱的に私に出版を勧めてくださった総合法令出版編集の木下美紀様。常に私のスケジュールを考慮してくださり、わざわざ私の地方の講演先まで駆けつけていただいたことも大切な想い出です。素敵な木下様と出会えたことを嬉しく思います。

本当にたくさんの皆様に支えられてこの本を書かせていただきました。携わってくださりましたすべての皆様、本当にありがとうございました。人を幸せにして、自分も輝くことができる「おもてなし」。これからも私自身、いっそうの精進をさせていただき、より多くの皆様に「おもてなしの魅力」を実感していただけるように努めて参ります。

最後に、私が尊敬する両親に心から感謝します。仕事ばかりしている私に代わり、一人息子を立派に育ててくれて、本当にありがとうございました。

最後までこの本を読んでくださりありがとうございました。皆様と私のセミナーでお会いできる日が来ることを楽しみにしております。皆様が輝きのある人生を送られますように。心から祈念させていただきます。

二〇十四年三月二十五日　古川智子

【著者紹介】

古川智子（ふるかわ・ともこ）

江戸期創業300年の大手老舗企業における総合職社員として、人材開発・教育研修部門を担当。責任者として、江戸の老舗に受け継がれてきた「人づくり」のノウハウを研究し、「おもてなし」を行える人材育成の研修プログラムを開発。株式会社さくらコミュニケーションズ設立後、全業種・業界に対応している「おもてなし」セミナーの先駆者となり、全国各地の自治体、企業、商工経済団体、観光協会、雇用創造推進団体、医療・介護・福祉施設等で年間300回を超す登壇実績を持つ「おもてなし」推進活動の第一人者（全47都道府県で講演を開催済)。実習を交えたセミナーは「誰もが笑顔になる魔法のセミナー」と各地で高い評価を得ている。「おもてなし研究家」として、テレビ・ラジオの番組制作に協力を行い、「地域ブランドアドバイザー」としても地域活性化を支援している。自ら代表を務める一般社団法人日本おもてなし推進協議会では、おもてなしのスキルを三段階のレベルに分け、「おもてなしエキスパート」「おもてなしスペシャリスト」「おもてなしグランドマスター」として資格を発行している日本唯一の団体。(資格認定講座は都内で定期的に開催中)

〈お問い合わせ先〉
株式会社さくらコミュニケーションズ
〒130-0011　東京都墨田区石原1-1-2-1104
受付:080-3128-4378
FAX: 03-6914-3668
E-mail:info@com-sakura.jp
URL:http://www.com-sakura.jp

一般社団法人日本おもてなし推進協議会
「おもてなしエキスパート」「おもてなしスペシャリスト」
E-mail:info@omotenashi.ptu.jp
URL：http://jopc.web.fc2.com

装丁・本文デザイン　土屋和泉
DTP・図表作成　横内俊彦

100%仕事が成功するおもてなしの習慣

2014年5月6日　初版発行

著　者　古川智子
発行者　野村直克
発行所　総合法令出版株式会社
〒103-0001　東京都中央区日本橋小伝馬町15-18
常和小伝馬町ビル9階
電話 03-5623-5121（代）

印刷・製本　中央精版印刷株式会社

落丁・乱丁本はお取替えいたします。

ISBN 978-4-86280-401-3
総合法令出版ホームページ　http://www.horei.com/

総合法令出版の好評既刊

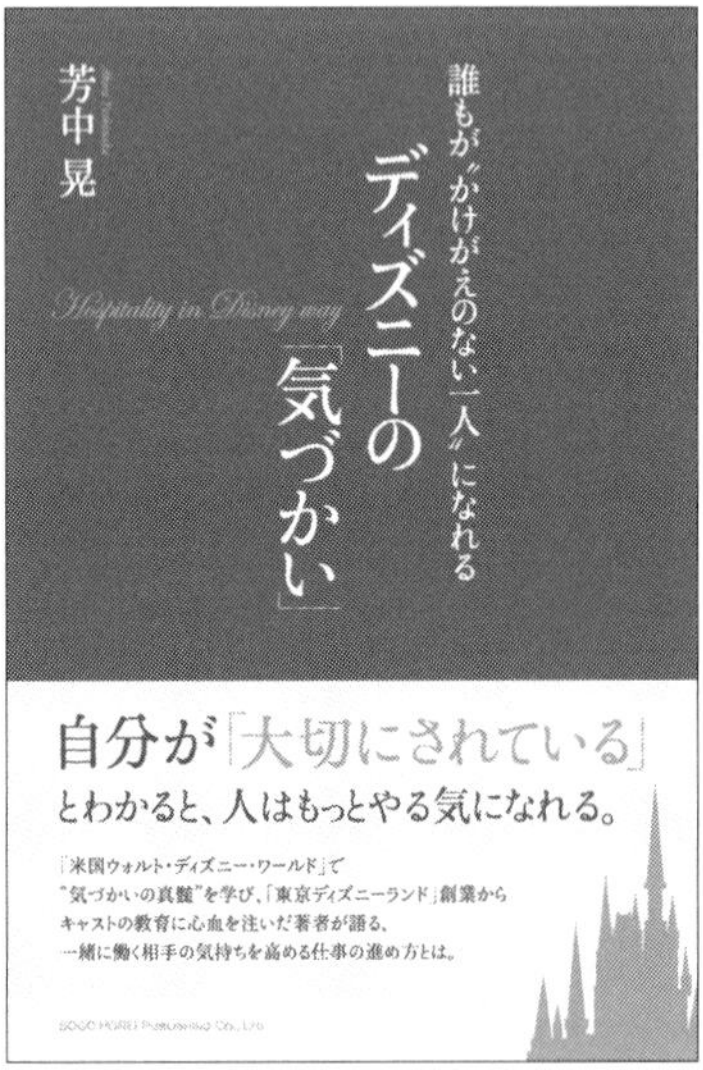

誰もが"かけがえのない一人"になれる

ディズニーの気づかい

芳中　晃 著｜定価 1,300 円＋税

ディズニーの"相手を思いやる気づかい"は、実は誰もが持っている！

　業種や規模に関係なく実践できる、一緒に働く相手の気持ちを高める仕事の進め方とは。米国ウォルト・ディズニー・ワールドで"気づかいの神髄"を学び、東京ディズニーランドの創業にも関わった著者が、具体例を交えてお届けします。